12.95

hänssler

VON FRAUEN FÜR FRAUEN

Hannelore Risch

Was Frauen mit Gott erleben ... ist zum Staunen

Hannelore Risch ist Pfarrerin im Ruhestand, verwitwet, hat sechs Kinder und ist in vielfältigen Aufgaben tätig.

hänssler-Taschenbuch
Bestell-Nr. 392.857
ISBN 3-7751-2857-3

Umschlaggestaltung: Daniel Kocherscheidt
Titelfotos: Beate Binder, Micha Pawlitzki
Printed in Germany

Inhaltsverzeichnis

Vorwort

Nun liegt es vor uns, das zweite Büchlein von Hannelore Risch, in dem sie uns teilhaben lässt am Leben einzelner Frauen. Sie hatten sich ihr anvertraut und waren bereit, mit ihren Erfahrungen einem größeren Leserkreis zu helfen. Da gibt es erstaunliche Begegnungen, solche, bei denen einem beim Lesen der Atem stockt.

Wir werden mit hineingenommen in die Bedrängnisse und Sorgen von Frauen, die mit der Diagnose »Krebs« leben müssen, Eheprobleme haben, Existenzängste und Depressionen durchleben oder von okkulter Belastung frei werden.

Staunend nimmt man wahr, was lebendiger Glaube im Leben von Menschen bewirkt: Ängstliche Gemüter werden gestärkt und überwinden ihre Scheu, gehen mutig in Häuser und kümmern sich in großer Treue um Menschen, die Hilfe nötig haben. Sie gewinnen mehr und mehr einen Blick für solche, die als Ausländer unter uns wohnen oder sich abgeschrieben fühlen. Auch erhalten sie Kraft zu vergeben und Gottvertrauen in aussichtslosen Situationen.

Was das Buch für die Praxis so wertvoll macht, sind die Impulse für die persönliche Vertiefung, für Bildbetrachtungen und für Gespräche in der Gruppe. Man wird das Büchlein dankbar aus der Hand legen oder es gern an andere weitergeben.

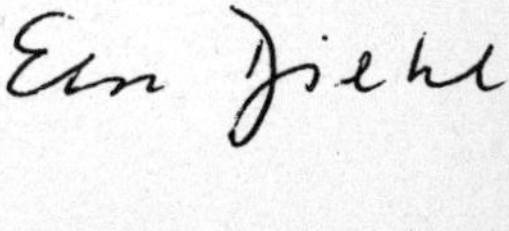

In aussichtsloser Situation trotzdem vertrauen

Mein Telefon läutet. Ich hebe ab und höre: »Hier ist Irmgard Andree. Würden Sie an unserem ›Frauenabend im Advent‹ sprechen? Unsere beiden Frauengesprächsgruppen laden jedes Jahr dazu alle Frauen im Dorf ein.«

Mir gefällt diese Idee, dass sich diese zwei Hauskreise öffnen und einen adventlichen Gästeabend gestalten. Ich sage zu und lerne dadurch Irmgard Andree näher kennen.

Sie und ihr Mann Wolfgang haben vor Jahren einen alten Bauernhof mit großem Obst- und Gemüsegrundstück gekauft und renoviert. Dabei wurden Stall und Scheune zu einem Verkaufsladen umfunktioniert. Hübsch und appetitlich angeordnet liegen hier je nach Jahreszeit Salate, Kartoffeln, viele Sorten Obst und Gemüse, Eier und anderes mehr aus. Dazwischen steht Frau Andree und verkauft mit Herz und Temperament ihre ländlichen Produkte. Manche Kundin verweilt länger und berichtet ihr von Freud und Leid in der Familie. Sie erhält dann auch ein aufmunterndes Wort oder einen tröstlichen Zuspruch von Irmgard Andree. Diese spricht keineswegs vom ›grünen Tisch‹, sondern redet aus reicher Erfahrung. Eine seelsorgerliche Anlaufstelle im früheren Stall!

Woher kommt es, dass diese kleine und jugendlich aussehende Frau so viel Reife, Verständnis und geistliche Autorität ausstrahlt? An einem schönen Morgen, während ihr Mann sie im Laden vertritt, erzählt sie mir:

»Ich war 27 und Wolfgang 30 Jahre alt, als wir Bewegendes erlebten, das unser Leben prägte. Wir waren gerade im Urlaub und erfreuten uns an unseren zwei Töchtern von acht und fünf Jahren, die problemlos gediehen. Sollten wir es wagen, noch ein drittes Kind zu haben? Mein Mann gestand mir: ›Ich hätte ja gerne noch einen Sohn! Aber nachdem du die Hauptlast der Kinderbetreuung zu tragen hast, will ich die Entscheidung dir überlassen!‹ Ich dachte an die schwierigen Schwangerschaften und eine Fehlgeburt, die hinter mir lagen, und seufzte. Auf der anderen Seite sah ich tagtäglich, welch liebevoller und geschickter Vater er für unsere beiden Töchter war. Sollte ich mich seinem Wunsch verschließen? Nein! Darum schlug ich vor: ›Wir verhüten jetzt nicht mehr, sondern überlassen es dem Schöpfer, wie er entscheidet!‹

So erlebten wir einen harmonischen Familienurlaub in den Bergen. Jeden Abend beteten Wolfgang und ich: ›Vater im Himmel, wir legen unseren Kinderwunsch in deine Hände! Du allein kennst die Zukunft und weißt auch von unserer begrenzten Kraft. So mache du, wie es dir gefällt!‹ Ich fühlte mich entspannt und gestärkt und wurde nach kurzer Zeit schwanger.

Wie freuten wir uns! Besonders unsere beiden Töchter Silke und Annette waren überglücklich: ›Mutti, wir wollen dir helfen, unser Geschwisterchen zu baden und zu füttern!‹

Bald danach wurde mein Mann schwer krank: Fieber, Schüttelfrost, Übelkeit. Es ging ihm so schlecht, dass der Arzt ihn ins Krankenhaus einwies. Die Diagnose: Hepatitis, eine schwerwiegende und ansteckende Leberentzündung. Als der Arzt erfuhr, dass ich schwanger war, wurde er sehr nachdenklich und ordnete eine Blutprobe an. Sie fiel miserabel aus. ›Ich habe leider eine schlechte Nachricht für Sie,‹ meinte er, ›Ihr Kind wird mit Sicherheit körperlich und geistig stark behindert sein. Sehr wahrscheinlich sind sogar seine Gliedmaßen verkrüppelt. Es wird sein Leben lang weit hinter anderen zurückbleiben. Deshalb rate ich Ihnen dringend zu einer Abtreibung. Gehen Sie bitte gleich zum Frauenarzt!‹

Mir stockte der Atem. Entsetzlich! Wir hatten uns doch dieses Kind gewünscht und erbeten! Es kommt von Gott! Er allein ist sein Schöpfer! Ich habe unser Kindlein nicht geschaffen, also darf ich es auch nicht umbringen lassen. Jeder, der menschliches Leben antastet, macht sich vor ihm schuldig.

Aber will er denn, dass ich ein behindertes Kind zur Welt bringe, das dann ein Leben lang unter seiner Behinderung leiden muss? Kann ich unserem Kind ein so trauriges Leben zumuten? Vielleicht wird es von unserem Staat sogar als eine Bedrohung für den öffentlichen und privaten Wohlstand betrachtet?

Völlig verstört mache ich mich auf den Weg zum Frauenarzt und hoffe, dass er anderer Meinung ist. Aber er ist im Urlaub. Seine Vertretung ist auch nicht zu erreichen. Wer kann mir raten?

Meinen schwer kranken Mann im Krankenhaus will ich jetzt nicht damit belasten. Mit weichen Knien klingle ich bei unseren besten Freunden. Die Verzweiflung steht mir ins Gesicht geschrieben. Erschrocken führen sie mich hinein. Da breche ich in Tränen aus. Sie lassen mich ausweinen. Bewegt hören sie meinen Bericht an. Was tun? Wir schweigen in Ratlosigkeit – und beten: ›O Gott, du bist unser alleiniger Ratgeber! Erbarme dich!‹ Dann raten sie mir: ›Besprich alles mit deinem Mann und vereinbare einen Termin mit dem Chefarzt der Klinik!‹

Etwas ruhiger geworden, besuche ich nun meinen kranken Mann. Tief erschüttert vernimmt er die Hiobsbotschaft. Wir fühlen uns total überfordert, die Entscheidung über Leben und Tod unseres Kindchens zu fällen. Die gemeinsame Not verbindet uns aufs Neue. Wir weinen beide vor Schmerz und Ratlosigkeit.

Am nächsten Tag rät mir der Chefarzt: ›Die Lage ist klar: Gehen Sie mit meinem Attest zu ›Pro Familia‹. Dann können wir eine Abtreibung vornehmen lassen! Warten Sie mit Ihrer Entscheidung nicht mehr lang, denn die Frist ist kurz!‹

Meine Gedanken wirbeln wieder durcheinander: Ich soll ein Todesurteil über mein eigenes Kind fällen? Ihm sein Lebensrecht absprechen, weil es vielleicht behindert ist? Es ausstoßen, nur weil unsere Wegwerfgesellschaft es zum Abfall rechnet? Sein winziges, zartes Körperchen dem Krankenhausmüll überlassen?

Du unschuldiges Lämmchen, du sollst nicht umgebracht werden! Du willst doch leben – oder nicht?

In meinen Gedanken sehe ich schwerbehinderte Heimkinder vor mir – dazwischen mein eigenes. Was für ein bedauernswertes Dasein musst du führen, mein armes Kleines! Soll ich dich davor bewahren?

Dann wieder fällt mir ein liebenswertes, geistig behindertes Kind in unserem Bekanntenkreis ein. Es ist voller Lebensfreude und Liebesbedürfnis und sieht glücklicher aus als viele kluge und gesunde Kinder. Seine Mutter hat zu mir gesagt: ›Es ist ein Segenskind und unser Sonnenschein, denn es hält unsere Familie zusammen, die sonst längst auseinander gefallen wäre! Ein Glück, dass wir keine Hitlerdiktatur haben; dann wäre unser Schatz als lebensunwertes Leben vernichtet worden!‹

Ich fühle mich hin und her gerissen; deshalb rede ich noch einmal mit dem Arzt: ›Sind Sie 100% sicher, dass unser Kind stark geschädigt ist?‹ Sehr ernst antwortet er: ›Mit 99%iger Sicherheit ist es schwerbehindert!‹ – ›Dann kann ich also nur ein Prozent Hoffnung haben, dass es gesund auf die Welt kommen wird!‹ sage ich bedrückt.

Mein kranker Mann hat trotz seines geschwächten Zustandes intensiv über unsere Verantwortung nachgedacht: ›Liebe Irmgard, der Ausgang meiner Krankheit ist noch ganz ungewiss. Vielleicht werde ich ein Leben lang an den Folgen leiden müssen. So muss ich leider dir allein die Last der Entscheidung überlassen. Aber ich stehe dir immer zur Seite, ganz gleich, wie du dich entscheidest!

Ich werde dich in keinem Fall im Stich lassen! Du kannst mit meiner vollen Unterstützung rechnen.‹

Ich entschließe mich, zunächst nicht zur Beratungsstelle von ›Pro Familia‹ zu gehen; denn ich weiß im Voraus, was mir dort geraten wird. Vielmehr schlage ich einen anderen Weg ein. Es ist Donnerstagabend. Da trifft sich in unserem Dorf ein kleiner Gebetskreis von gläubigen Christen, zu dem auch wir gehören. Ihnen berichte ich von unserer Not. Alle sind tief betroffen. Nicht nur mir stehen die Tränen in den Augen. Eine gibt zu: ›Bisher waren wir strikt gegen Abtreibung; denn Gottes Gebot heißt: ›Du sollst nicht töten!‹ Wenn er ein Leben beginnen lässt, verdient es vollen Schutz – auch behindertes, seniles oder bewusstloses Leben! Aber jetzt kommt dieses Problem hautnah auf uns zu. Was will Gott uns damit sagen? Lasst uns vor ihm still werden!‹ Gemeinsam stehen wir vor Gottes Thron. Unser Vertrauen ist groß: Er wird uns leiten und Klarheit geben.

Einer von uns, ein ruhiger Typ, der sich bisher nicht geäußert hatte, schlägt in der Bibel das 2. Buch Mose, Kapitel 4, Vers 11 auf und liest laut: ›Wer hat dem Menschen den Mund geschaffen? Oder wer hat den Stummen oder Tauben oder Sehenden oder Blinden gemacht? Habe nicht ich es getan, ich, der Herr?‹

Das trifft mich mitten ins Herz! Ja, es ist Gott, der unser Kind so geschaffen hat, wie es ist – behindert, geschädigt oder gesund – sein kostbares Geschenk an uns, in Liebe und Weisheit geplant und für uns ausgesucht! Und ich sollte die

Annahme verweigern? Niemals! Ganz gleich, wie behindert es sein wird, wir nehmen es aus seiner Hand! Ich vertraue ihm, dass er uns nicht überfordert, weil er uns väterlich liebt!

Schlagartig sind alle Ängste und Befürchtungen weg. Jetzt ist es sonnenklar: Unser Vater im Himmel macht es recht! Er hat alle Macht zu helfen. Wir und unser Kind sind in seiner Liebe geborgen. Es wird alles gut werden! Er will jetzt unser Vertrauen erproben und stärken.

An diesem Abend verspreche ich ihm unter Zeugen: ›Ich vertraue dir, mein Vater!‹ Dabei erlebe ich die größte Nähe Gottes, die ich je erfahren habe. Unsere Gebetsfreunde sind bewegt und sagen mir ihre Unterstützung zu.

Als mein Mann meine Antwort vernimmt, ist er sehr erleichtert. Seine gelbkranken Augen strahlen. Von da an macht seine Genesung sichtbare Fortschritte.

Bei der Ultraschall-Untersuchung sehe ich angespannt in das ernste Gesicht des Arztes. Mit schonender Stimme sagt er: ›Frau Andree, machen Sie sich auf eine Neuigkeit gefasst: Es sind Zwillinge!‹ – ›Was? Zwillinge?‹, rufe ich überrascht. Meine Gedanken beginnen wieder zu wirbeln. Fast zwingend will er mich zu einer pränatalen Diagnostik in Form einer Fruchtwasseruntersuchung überreden, sie sei jedoch nicht risikolos. Die Genforschung könne dann feststellen, inwieweit die Zwillinge behindert seien. Allerdings sei diese Untersuchungsmethode nicht zu 100% verlässlich, gibt er ehrlicherweise zu.

Inzwischen habe ich mich gefangen. ›Unsere Zwillinge sind ein doppeltes Gottesgeschenk. Wir freuen uns auf sie! Ich verzichte auf eine vorgeburtliche Diagnose, denn ich habe ein ›Recht auf Nichtwissen‹, antworte ich ruhig und verabschiede mich. Der Arzt ist erstaunt, macht eine leichte Verbeugung und sagt: ›Meine Hochachtung!‹

Mein Mann ist genauso überrascht: ›Wie bitte? Zwillinge? Dann wollen wir doppelt vertrauen!‹ Er gibt sich Mühe, einen Seufzer zu unterdrücken.

Unsere beiden Töchter sind ganz aus dem Häuschen und tanzen in der Küche herum: ›Oh, Zwillinge! Super!‹ Sie erfinden ein neues Lied mit Bewegungen: ›Eins für dich und eins für mich!‹

Unser Gebetskreis reagiert verhalten: ›Zwillinge? Dann wollen wir einen doppelten Gebetseinsatz bringen!‹

Trotzdem kommen mir wieder sorgenvolle Gedanken. Sie wollen mich nach unten ziehen und mich innerlich mürbe machen. Dann hilft nur, dass ich immer wieder bete: ›Mein Vater, wir liegen dir in den Ohren mit unserer Not. Dir allein wollen wir vertrauen. Du machst keinen Fehler!‹

Er kennt ja unsere Belastbarkeit und unsere Grenzen. Wenn er schon vor der Geburt die beiden Kinder zu sich nehmen will, dann werde ich leider wieder eine Fehlgeburt haben. Wenn er uns aber behinderte oder hoffentlich gesunde Zwillinge anvertraut, dann wird er uns in allem helfen.

Wir wollen ihn mit unserem Vertrauen ehren. Bei der Arbeit und in Ruhepausen singe ich laut oder in Gedanken: ›Sag ja zu Gottes Wegen! Gottes Wege sind immer gut. Er führt dich allerwegen stets in seiner Hut.‹

An einem Tag, an dem ich sehr niedergeschlagen bin, schickt mir eine Freundin eine Spruchkarte. Darauf steht: ›Wir haben einen Vater im Himmel, der allmächtig ist. Vertraue ihm, und du erlebst Wunder.‹ Ich hefte die Karte mit Tesafilm an den Kühlschrank. Immer, wenn ich ihn öffne, lese ich den Spruch und denke an Gottes Allmacht, die Wunder tut, wenn wir ihm vertrauen. Solche Gedanken sind wie Flügel, die mich aus dem dunklen Loch wieder emportragen.

Die Schwangerschaft ist kompliziert und sehr beschwerlich. In den letzten drei Monaten müssen eine Cerclage und Medikamente eine zu frühe Geburt verhüten. Ich fühle mich wie eine wandelnde Tonne, kann mich nicht mehr bücken und nur noch halb sitzend schlafen. Wie sehne ich die Geburt der Zwillinge herbei!

Endlich, endlich ist es so weit! Zuerst kommt Stefan auf die Welt – völlig gesund, mit wunderbar geformten Gliedmaßen! Ein kräftiger Bub von 3600 Gramm! ›Vater, wir danken dir!‹ Dann wird Daniela geboren, ein entzückendes Mädchen von 2800 Gramm, dem nichts fehlt! ›Vater, wir danken dir jetzt und in Ewigkeit für das zweifache Wunder!‹

Ich habe den Eindruck, als würde er zu mir sagen: ›Irmgard, ich habe einen wunderbaren Plan für eure Kinder. Erziehe sie zu mir hin! Liebe du mich so, dass sie lernen, mich auch zu lieben. Lehre sie, mir zu vertrauen, so dass sie schon mit Kleinigkeiten zu mir kommen und zu mir beten!‹

Welch ein festlicher Tag, als mein Mann und die beiden Töchter mich und unser Zwillingspärchen vom Krankenhaus abholen und heimbringen! Ein Vater-Dank-Fest! Immer wieder muss ich über unser Glück nachdenken und kann es kaum fassen: zwei gesunde Kinder entgegen den ärztlichen Prognosen! Aller Kummer ist vergessen. Es hat sich tausendfach gelohnt durchzuhalten. Das Dasein unserer gesunden Zwillinge beglückt uns zutiefst.

Zwar habe ich in der ersten Zeit unendlich viel Arbeit. Doch unsere Babys schlafen und trinken gut und entwickeln sich prächtig. Allerdings lassen sie sich mit dem Laufen- und Sprechenlernen mehr Zeit als ihre älteren Schwestern. ›Bei Zwillingen kommt alles langsamer!‹, trösten mich erfahrene Zwillingsmütter. Darum mache ich mir weiter keine Gedanken.

Die beiden gehen gemeinsam in den Kindergarten und kommen dann mit sechs Jahren in die Schule. Doch da stellt sich heraus, dass sie im Denken und Begreifen langsamer als ihre Mitschüler sind. Trotz mancher pädagogischer Hilfe müssen sie die erste Klasse wiederholen und bleiben auch dann ein doppeltes Schlusslicht. Wir sind mit unseren Nerven und mit unserer Weisheit am Ende. Die Lehrerin besucht uns und meint: ›Die Klasse ist zu groß, um auf schwächer begabte Kinder eingehen zu können. Doch in der Sonderschule haben die Lehrkräfte mehr Möglichkeiten. Die Schüler können sich dort genügend Zeit nehmen, um ein gewisses Lernziel zu erreichen.‹

Mein Mutterstolz ist zutiefst geknickt: Unsere Zwillinge in die Sonderschule schicken? Nein! Das kommt nicht in Frage! Aber wenn sie alles langsamer begreifen als die meisten anderen Kinder ihres Alters? Ich bin verzweifelt, muss viel weinen und jammere vor mich hin: ›O Gott, muss das auch noch sein?‹ Unsere Not hat mich in eine depressive Phase gestürzt. Sorgenvoll denke ich an die Zukunft unserer beiden Jüngsten. Wie werden sie durchs Leben kommen?

In dieser schweren Zeit hat mir zweierlei sehr geholfen: Ich lege eine Liedkassette nach der anderen auf. Immer wenn ich wegen Traurigkeit und Sorgen nicht mehr selber singen kann, dann lasse ich mir von anderen glaubensstärkende Lieder zusingen. Sie erheben mich aus der Tiefe hin zu Gott.

Weitere Hilfe erfahre ich auf einem Frühstückstreffen für Frauen. Lotte Bormuth, selbst Mutter von fünf Kindern, spricht anschaulich zum Thema »Krisen in Ehe und Familie: ›Auch in unserer Familie ist nicht alles glatt gelaufen‹, gibt sie ehrlich zu, ›unser Matthias hatte im ersten Schuljahr große Probleme, lesen zu lernen. Alle Bemühungen halfen nicht. So blieb uns nichts anderes übrig, als ihn schweren Herzens in die Sonderschule zu schicken – für meinen Mutterstolz ein harter Schlag! Doch mit den Jahren holte er langsam aber stetig auf. Viele Schwierigkeiten in den verschiedenen Schulen und Therapien mussten er und wir Eltern verkraften. Wie oft fühlte ich mich hilflos! Darum habe ich immer wieder mein kummervolles Mutterherz vor Gott ausgeschüttet. Ich musste lernen, in der Erziehung konsequenter und gleichzeitig viel geduldiger zu werden; vor allem darf ich nur ganz kleine Fortschritte erwarten. Als ich dann endlich Matthias' gutes Abiturzeugnis in Händen hielt und an unsere Jahre dauernden Schulsorgen zurückdachte, konnte ich es nicht fassen: Unser Sonderschüler ist ein Abiturient! Inzwischen ist Matthias junger Arzt in einer Nervenklinik.‹

Wie ermutigend für mich!«, erzählt Irmgard Andree mir weiter. »Durch diesen Bericht habe ich ein vertrauensvolles Ja zu unserer schwierigen Situation gefunden. Von da an habe ich oft gebetet: ›Lieber Vater im Himmel, du hast einen weisen Plan für unsere Zwillinge. Sie brauchen ja nicht unbedingt Arzt oder Ärztin zu werden; doch hilf ihnen bitte, dass sie in der Sonderschule alles begreifen!‹

Wunderbar, wie Gott handelt: Sie haben das große Glück, einen ausgezeichneten Lehrer zu bekommen. Für ihn wären sie durchs Feuer gegangen. Ihm zuliebe geben sie ihr Bestes und werden nächstens ihren Hauptschulabschluss machen. Zur Zeit ist unsere tierliebende Daniela Praktikantin bei einem Tierarzt, was ihr viel Freude bereitet. Stefan, geschult durch unseren Obst- und

Gemüseverkauf, macht gerade ein Praktikum in der Landes-Versuchs- und Lehranstalt für Obst- und Weinbau. Außerdem sind beide aktiv in einer christlichen Jugendgruppe.«

Just in diesem Moment poltert es die Treppe herunter: zuerst Stefan, ein kräftiger Teenager, hinter ihm die reizende Daniela. Sie begrüßen mich höflich und verschwinden gemeinsam nach draußen. Ich habe den Eindruck, dass sie sich bestens verstehen.

»Zwillinge haben es eigentlich gut!«, bemerke ich als Zwillingsmutter. »Selten ist einer einsam. Der Bruder oder die Schwester ist immer in der Nähe. Sie können einander beistehen oder auch miteinander konkurrieren.«

»Genau!«, pflichtet Irmgard Andree mir bei. »So verschieden unsere beiden auch sind, machen sie doch vieles gemeinsam. Die sanftere Daniela beschwichtigt oft ihren wilden Bruder und verteidigt ihn mit Worten; er schützt sie, wenn es sein muss, mit geballten Fäusten.« Irmgard Andree legt jetzt eine Erzählpause ein.

Wir folgen den Zwillingen durch den Hof ins Geschäft. Irmgards Mann, Angestellter im öffentlichen Dienst, hat gerade Urlaub und vertritt sie dort bestens, damit wir beide dieses Gespräch haben können. Kundinnen kommen und gehen und reden mit uns über dieses und jenes.

Danach erzählt mir Irmgard Andree: »Durch unseren Obst- und Gemüseverkauf habe ich guten Kontakt zu Frauen und Müttern. Manche, deren Kinder Probleme in der Schule haben, fragen mich um Rat. Damit wir in Ruhe miteinander reden können, lade ich sie hie und da zum Frühstück in unser Wohnzimmer ein. Dadurch ist zwischen uns viel Vertrauen gewachsen und ganz ungeplant eine Selbsthilfegruppe entstanden. Ich versuche, den Müttern Mut zu machen und verschweige nicht, dass ich von Gott Hilfe und Kraft bekomme. Neulich sagte eine der Teilnehmerinnen voller Dankbarkeit: ›Unsere Gesprächsgruppe ist für mich eine unentbehrliche Orientierungshilfe.‹ «

Wieder staune ich über Gottes wunderbare Führungen und denke laut: »Frau Andree, es ist gar nicht zu ermessen, wieviel Segen durch die Geburt eurer Zwillinge entstanden ist! Zuerst lerntet ihr, Gott in aussichtsloser Situation zu vertrauen. Dann habt ihr seine väterliche Fürsorge erfahren und sogar Wunder erlebt. Ihr habt gelernt, alle Not ihm zu bringen und depressive Stimmungen zu überwinden. Eure Gebete wurden erhört. Euer Leben wurde durch die Zwillinge bereichert und eure Ehe vertieft. Ihr seid reifer geworden und könnt nun anderen, die in ähnlichen Nöten stecken, durch eure Erfahrungen helfen. Nicht von ungefähr werden eure beiden inzwischen erwachsenen Töchter Erzieherin und Heilpädagogin.«

»So ist es,« stimmt sie mir zu, »Wolfgang und ich sind empirisch veranlagt: Wir lernen am meisten aus Erfahrungen. Gott hat uns öfters in Situationen hineingestellt, in denen es zwei Möglichkeiten gab: entweder ihm restlos zu vertrauen

– oder uns zu ›zersorgen‹. Das eine ist der Vertrauensweg – das andere ist der Sorgenweg. Nach Hin- und Herüberlegungen haben wir uns stets entschieden, den ersteren zu gehen – den Vertrauensweg.

Ja, es ist eine von uns erprobte Tatsache: Wenn wir Gott fest vertrauen, erfahren wir seine Treue. Und das ist beglückend!«

Anregungen für ein Gruppengespräch:

Fragen:

- *In welcher Situation ist es mir schwer gefallen, Gott zu vertrauen?*
- *Wer oder was hat mein Vertrauen gestärkt?*

Lied:

Befiehl du deine Wege (Evang. Gesangbuch Nr. 361) Vers für Vers abwechselnd singen und lesen und in der Stille darüber nachdenken. Wer will, kann seine Gedanken den anderen mitteilen.

Zitate:

»Die auf ihn vertrauen, werden seine Zuverlässigkeit erfahren, und die treu sind in der Liebe, werden bei ihm bleiben.«

(Weisheit 3,9)

»Vertraue Gott als deinem Vater
in der tiefsten Gewissheit:
Mein Vater weiß alles,
kann alles, macht alles recht.
Mein Vater ist gut!
Mein Vater liebt mich.«

(Mutter Basilea Schlink)

»Jeder Mensch, auch der geringste,
ist so in Gottes Hand,
als wäre er seine einzige Sorge.« (Don Bosco)

Bildbetrachtung:

Holzschnitt von Hans Georg Annlés

Fragen:

1. *Welche Titel können wir diesem Bild geben? (Die verschiedenen Vorschläge notieren und den treffendsten gemeinsam aussuchen.)*

2. *Welche Bibelverse passen dazu?*

Bild: Holzschnitt von Hans Georg Annlés

Ängste überwinden ist möglich

Wie gut kann ich mich noch daran erinnern! Mir ist, als sei es erst gestern gewesen:

Ich bin Gastpredigerin in einer Dorfgemeinde in Bayern. Mitten in der Predigt fällt mir eine Frau mittleren Alters auf. Sie sitzt ziemlich weit vorne und ist buchstäblich ›ganz Ohr‹. Auch mit Augen, Mund und Nase scheint sie zu hören. Ihr Körper neigt sich mir zu. Ihre Hände sind geöffnet, als wollten sie empfangen. Wie ein trockener Schwamm nimmt sie jedes Wort auf, das ich sage. Ich kenne sie nicht, schaue aber unwillkürlich immer wieder zu ihr hin.

Am Ende des Gottesdienstes verabschiede ich alle Besucher an der Kirchentür, wie es in dieser Gemeinde üblich ist. Als eine der Letzten kommt meine aufmerksame Zuhörerin auf mich zu. Sie räuspert sich und sagt stockend mit leiser Stimme: »Ich würde Sie gerne zum Kaffee einladen, aber...« Wieder stockt sie und weiß nicht weiter. Sie muss offenbar viel Mut aufbringen, mich, eine Fremde, anzusprechen. Darum nehme ich ihre Einladung auch gern an.

Am Nachmittag lerne ich dann Anita Reiß näher kennen. Ihr Mann begrüßt mich nur kurz und verschwindet bald im Fernsehzimmer zur Sportschau. »Vor dem Bildschirm bin ich ein leidenschaftlicher Sportler!«, erklärt er mir humorvoll.

»Es hat Sie wohl viel Mut gekostet, mich, eine fremde Pfarrerin, einzuladen, Frau Reiß?«, beginne ich das Gespräch. »Das stimmt«, gibt sie zu, »ich bin nämlich von Natur aus eine ängstliche Person. Vielleicht kommt es daher, dass ich als einzige Tochter nicht nur von meiner Mutter, sondern auch noch von der Oma und von zwei ledigen Tanten erzogen wurde. Sie meinten es alle gut und behüteten mich mehr, als es nötig gewesen wäre. Ich war ein stilles, braves Kind und fügte mich in alles. Auch als ich erwachsen wurde, hatte ich daheim nicht viel zu melden.«

Sie machte eine Pause und lächelte verlegen. »Bitte, erzählen Sie weiter!«, ermuntere ich sie, »ich interessiere mich brennend für die Lebenserfahrungen meiner Mitmenschen. Man kann sehr viel daraus lernen.«

Sie fährt fort: »Nach unserer Heirat machten mein Mann und ich aus Bequemlichkeit den großen Fehler, nicht auszuziehen. So bestimmten weiterhin die lieben alten Verwandten, was ich zu tun und zu lassen hatte. Leider lernte ich auch nicht, Verantwortung zu übernehmen, und hatte dadurch wenig Selbstvertrauen. Sogar als ich unseren Sohn geboren hatte, änderte sich nur wenig.

Der Kleine war natürlich der Mittelpunkt der ganzen Familie und wurde von allen verwöhnt. Später ging er dann meist den Weg des geringsten Widerstands, z.B. brach er seine Lehre ab, weil sie ihn forderte. Mit 18 bekam er eine schleichende, unheilbare Krankheit; man kann sie jedoch bis heute mit Medikamenten eindämmen.

Damals fühlte ich mich als Versagerin. Oft dachte ich: ›Wie soll das nur weitergehen?‹ Die Sorgen um unseren Sohn wuchsen zu einem Sorgenberg, der über mir zusammenbrach und mich fast unter sich begrub. Panikartige Ängste überfielen mich. Meine Oma, die Tanten und auch meine Mutter waren inzwischen verstorben. Mein Mann war leider viel krank. Ich fühlte mich kraftlos und restlos überfordert. Oft grübelte ich: ›Wer bin ich? Nur ein Wurm! Was kann ich? Nichts! Was soll ich noch auf dieser Welt? Ich bin so gering, dass selbst Gott mich nicht mehr wahrnimmt.‹

Wenn ich aufwachte, hatte ich Angst vor dem Heute. Am Abend packten mich die Ängste vor dem Morgen. Nachts konnte ich vor Angst nicht durchschlafen. Immer wieder schreckte ich aus dem Schlaf hoch. Wenn ich mir ausmalte, was uns alles passieren könnte, bekam ich Angstschweiß und Herzrasen. Auch tagsüber hatte ich ständig das Gefühl, eine dunkle Decke liege über allem. Ich war wie gelähmt und unfähig zu klaren Entscheidungen. Die Angst hatte mich im Bann. Ich konnte nicht mehr von Herzen froh sein.

Sollte es noch einen Strohhalm geben, der mich vor dem Ertrinken im Meer der Ängste und Sorgen retten konnte?«

Hier macht sie wieder eine Pause, holt tief Luft und atmet mit einem schweren Seufzer aus.

»In diesem traurigen Zustand sind Sie aber nicht verblieben«, bemerke ich, ihr zunickend, »Sie haben sich inzwischen mächtig verändert, sonst könnten Sie mir das nicht so beeindruckend erzählen!«

»Das stimmt«, erzählt sie weiter, »es ist nämlich Entscheidendes passiert: Ich besuchte eine Evangelisation. Der Volksmissionar sagte unter anderem: ›Gott liebt gerade die, die sich wie ein angstvoller Wurm vorkommen. Er will sie zu seinen Kindern machen...‹ – ›Ich armes Würmlein – ein Kind Gottes?‹, wunderte ich mich, ›dann muss er mich schon sehr lieb haben!‹

›Er fragt allerdings, ob wir damit einverstanden sind‹, sprach der Missionar weiter. Ich sagte in meinem Herzen: ›Ja! Etwas Besseres kann mir gar nicht geschehen!‹

›Wer das will, kann seinen Entschluss mit einem Handzeichen bestätigen‹, forderte er auf. Ich weiß nicht, woher ich den Mut nahm. Ich hob in aller Öffentlichkeit meine Hand! Erstaunlich! Dadurch beugte ich späteren Zweifeln und einem heimlichen Rückzug vor.

Was für ein neuer Stand: ich gehöre jetzt in Gottes Familie! Bin sein Kind und seine Erbin! Und mein Vater sorgt für mich und meine Lieben!

Aber trotz alledem war die alte Lebensangst nicht völlig gewichen. Versteckt lag sie noch auf der Lauer und überfiel mich immer wieder. Zwar hatte sie an Kraft verloren, machte mir aber noch genug zu schaffen.

Am Erntedankfest besuche ich den Gottesdienst. Wie viel habe ich Gott zu danken! Auf dem Altar steht ein Korb voller Früchte und Gemüse. Daneben ein Laib Brot und ein Glaskrug voll Milch. ›Und was habe ich auf den Altar zu legen?‹, frage ich mich. In diesem Augenblick werden die ›Mühseligen und Beladenen‹ zum Abendmahl eingeladen. Spontan kommt mir der Gedanke: ›Ich werde die Last meiner Lebensangst dort abladen!‹ So stehe ich vor dem Altar und schaue auf das Kruzifix. Da hängt Jesus am Kreuz, und darunter steht in altmodischen Buchstaben: FÜR DICH. Er hat Todesängste ausgestanden – für mich, Anita Reiß, damit ich befreit bin von meiner Lebensangst. Ja, ich lasse sie jetzt hier auf dem Altar zurück! Voller Dankbarkeit nehme ich das Heilige Abendmahl ein und erhalte von einer Kirchenvorsteherin – wie es bei uns üblich ist – ein ›Kernwort‹. Wieder auf meinem Platz angelangt, lese ich es: ›Jesus ist gekommen, uns zu erlösen. Wen er frei macht, der ist wirklich frei – auch von der Angst.‹ Welche Bestätigung! Ich bin bewegt.

Aber schon auf dem Heimweg ist mir die Angst wieder nachgelaufen – wie ein anhänglicher Hund. ›Im Namen Jesu: zurück auf den Altar! Du gehörst nicht mehr zu mir!‹, befehle ich ihr. Das wirkt! Inzwischen habe ich sie noch oft genug zurückgewiesen, so dass sie mich jetzt nicht mehr anfällt. Sie hat keine Macht mehr über mich.

Nur noch ein einziges Mal hat sie es vor kurzem versucht:

Wegen Krebsverdachts musste ich eine Unterleibsoperation über mich ergehen lassen. Ich liege im Krankenhaus und warte auf das Ergebnis der Untersuchung. Ist der Tumor gutartig, ist er bösartig? Vor der Tür lauert sie wieder – die alte

Angst! Wird sie mich packen? Schon bekomme ich rasendes Herzklopfen. Ein Schlafmittel hilft mir, dass ich die Nacht durchschlafen kann. Gegen Morgen träume ich: Eine warme und doch kräftige Stimme sagt laut und klar: ›Anita, lies den Psalm 103!‹ Ich wache auf und denke erschrocken: ›Hat Gott oder Jesus oder einer seiner Engel zu mir gesprochen?‹ Ehrfürchtig gehorche ich dem himmlischen Befehl und schlage den 103. Psalm auf. Da fällt mein Blick auf den Satz: ›Der dein Leben vom Verderben erlöst.‹ Voll Freude lese ich den ganzen Psalm. Und die schlimme Angst hatte sich längst davongeschlichen. An diesem Tag erfahre ich, dass der Befund negativ ist.«

Spontan unterbreche ich sie: »Gott sei Dank!«, und fahre fort: »Auch ich erlebte als junge Frau den Sieg über die Angst. Wir wohnten damals in Großalmerode. Mein Mann war Reisereferent der Pfarrer-Gebetsbruderschaft und viel unterwegs. Wenn er zu Hause war, fühlte ich mich so sicher, dass ich oft vergaß, für die Nacht unsere Haustür und die Hintertür abzuschließen. Aber wenn ich mit den Kindern allein war, verschloss ich schon am frühen Abend sorgfältig Außentüren und Fenster. Verlassenheitsängste beschlichen mich. Ich schlief dann so angespannt, dass ich alle zwei bis drei Stunden aufwachte: ›Knirscht da nicht der Kies vor meinem Fenster? O Schreck! Ich höre Tritte auf der Terrasse! Ein Zweig knackt im Apfelbaum! Wie unheimlich! Stellt vielleicht jemand die Leiter an? Da bewegt sich ein Schatten!‹ Mir stockte der Atem. Angstschweiß brach aus allen

Poren. Mein Herz klopfte wie wild. Endlich raffte ich mich auf und öffnete das Fenster. Prüfend spähte ich in die Dunkelheit: Niemand da!

Das geschah Nacht für Nacht, wenn mein Mann auf Dienstreise war. Am Morgen war ich dann wie gerädert, und mir fehlte die nötige Kraft, den Tag zu bewältigen. Natürlich besprach ich meine Ängste mit meinem Mann. Wir überlegten beide, was da zu ändern wäre, aber wir kamen zu keinem Ergebnis. Mein Mann meinte: ›Dass wir zwei zusammengehören, ist klar. Aber ebenso bin ich überzeugt, dass Gott mir den Auftrag für diesen Reisedienst gegeben hat und ich dich deshalb viel allein lassen muss. Doch im Augenblick sieht es so aus, als passe beides nicht zusammen!‹

Ich gab mir große Mühe, betete vor dem Schlafengehen: ›Jesus, du hattest doch selbst Angst im Garten Gethsemane. Bitte hilf mir, dass ich ohne Ängste schlafen kann!‹ Trotzdem war es immer das Gleiche: Schon bevor ich mich ins Bett legte, machte ich mir Sorgen, wie ich die Nacht überstehen würde. Nichts besserte sich. Hatte er mein Gebet überhört? Warum hilft er mir nicht?

Endlich griff Gott ein. Klar und deutlich fragte er mich in meinen Gedanken: ›Wer gibt dir mehr Schutz – dein Hermann oder ich?‹ Beschämt antwortete ich: ›Du allein bist mein bester Schutz, denn mein Mann ist nur ein Mensch. Selbst an seiner Seite könnte mir Schlimmes passieren.‹

Ich erinnerte mich dann an ein Psalmwort und schrieb es in Zierschrift auf einen Zeichenkarton:

›Ich liege und schlafe ganz mit Frieden, denn allein du, Herr, hilfst mir, dass ich sicher wohne‹ (Ps. 4,9).

Diesen Spruch hängte ich an die Wand neben meinem Bett. Jeden Abend habe ich ihn mir einverleibt – das beste Schlafmittel, das es für mich gab! Ohne Risiken und Nebenwirkungen!

Wenn die Nachtängste doch noch einmal zurückkommen wollten, half mir ein altes Abendlied, das ich dann laut sang:

›Mit meinem Gott geh ich zur Ruh
und tu in Fried mein Augen zu,
denn Gott vom Himmelsthrone
über mir wacht
bei Tag und Nacht,
damit ich sicher wohne.
Ich ruf zu dir, Herr Jesu Christ,
der du allein mein Helfer bist:
Lass kein Leid widerfahren!
Durch deinen Schutz
vor Teufels Trutz
dein Engel mich bewahren.‹

»Ja, Gott sei Lob und Dank!«, sagt Anita Reiß zustimmend, denn sie kennt solche Siege über Anfechtungen. Ich habe den Eindruck, dass gerade diese Angstbewältigung sie innerlich stark gemacht hat. So überlege ich: Mit ihrer Erfahrung kann sie sicher Angstgeplagten helfen, die Angst zu überwinden. Ob Gott sie dazu beauftragt hat?

Auf meine Frage hin erzählt sie mir, dass sie sich seit Jahren im Besuchsdienst engagiert. Ein-

oder zweimal in der Woche besucht sie in ihrem Dorf Alte, Kranke und Einsame; auch solche, die am Rand der Dorfgemeinschaft leben und über die man verächtlich denkt. Von ihrem Taschengeld kauft sie kleine Geschenke als Mitbringsel. Oft fährt sie mit dem Bus in die Stadt und besucht im Krankenhaus Patienten, die sie kennt. Manchmal muss ihr Mann sie auch in das eine oder andere Alten- und Pflegeheim fahren, weil sie dort Senioren besuchen will, die von vielen schon vergessen sind. Wenn es keine Fahrgelegenheit gibt, so telefoniert sie wenigstens oder schreibt Briefe an alle, die schon lange darauf warten. Sie erfüllt diesen inneren Auftrag ohne viel Aufhebens und ohne viele Worte darüber zu verlieren. Ich bin beeindruckt von dieser Treue.

Wie gut kann ich mir vorstellen, dass sie nie aufdringlich oder laut auftritt, sondern einfühlsam und zuhörend auf die Besuchten eingeht. Ist es nicht zum Staunen, was Gott aus dieser ängstlichen Frau gemacht hat? Mutig geht sie in fremde Häuser und kümmert sich besonders um die, die sonst wenig beachtet werden. Sie ist hier im Dorf wohl die Einzige, die solche längst Abgeschriebenen nicht vergessen hat. Ich bin sicher: Gott wird ihre Treue belohnen!

»Beten Sie auch mit den Patienten?«, frage ich sie. »Ja, wenn es angebracht ist, bete ich mit ihnen das Vaterunser oder den 23.Psalm oder auch eines der Gebete, die ich gedichtet habe.«

Sie sieht meine Verwunderung und erklärt bescheiden: »Manchmal liege ich wach im Bett oder bin allein im Zimmer. Dann macht es mir Freude, dem Vater im Himmel ein Gedicht zu sagen oder Jesus ein selbstverfasstes Lied zu singen.«

»Schenken Sie mir doch zum Abschied eines Ihrer Gebete, eines, das Sie gedichtet haben!«, bitte ich sie. »Nur eines, das ich im Neukirchner Kalender entdeckt und auswendig gelernt habe«, schmunzelt sie. So schreibt sie auf meinen Notizblock ein Morgengebet:

Auch heute sei mein Leben
in deine Hand gegeben,
Jesus, meines Lebens Sinn.
In dir bin ich geborgen,
und dieses Tages Sorgen
drängen mich zu dir nur hin.
Wie schaffe ich meine Werke,
wenn mich nicht deine Stärke,
nicht deine Hand mich hält?
Was wir auch Großes treiben,
nur du wirst ewig bleiben,
wenn unsre Arbeit längst zerfällt.
Dein bin ich alle Stunden,
ob sie erfeuen, verwunden;
im Sterben bin ich dein.
So spreche ich fröhlich Amen.
In meines Jesu Namen
soll dieser Tag begonnen sein.

Ich verabschiede mich herzlich von ihr und bedanke mich für das Vertrauen, das sie mir geschenkt hat.

Anregungen für ein Gruppengespräch:

Zitate:

»Unser Leben wird erst richtig verwandelt, wenn die Grundängste und Grundnöte aufgebrochen und zum Ort der Gotteserfahrung werden.«
(Anselm Grün)

»Nichts, was Menschen oder Teufel
tun können, kann uns den Schutz
und die Fürsorge Gottes rauben.«
(C. H. Spurgeon)

»Wenn wir, indem wir uns ausziehen
und niederlegen, auch zugleich alle Sorgen
und allen Ehrgeiz ablegen, werden wir
Erquickung auf unserem Lager finden,
wie die Ängstlichen und Habsüchtigen
sie nie auf dem ihren fühlen.«
(C. H. Spurgeon)

»Weil Gott weiß, was morgen sein wird,
brauchen wir heute keine Angst zu haben.«
(Heinrich Giessen)

Bibelverse:
Ps 4,2; 25,17; 61,3+4; 71,20; 107,6-8; 118,5+6; 138,7.

Allein das Thema »Angst« könnte manchen Gesprächsteilnehmern Angst machen. Deshalb ist es wichtig, eine wohltuende Atmosphäre zu schaffen: schon zum Eingang eine Überraschung oder ein kleines Empfangsgeschenk vorbereiten, Zitate oder Bibelverse austeilen, Freundlichkeit und Wärme verbreiten!

1. Interview (eventuell vorbereitet) mit drei oder vier Teilnehmern: »Wovor haben Sie Angst?«

2. Nachdenken: Gibt es Ängste, mit denen ich gut/nicht so gut umgehen kann? Wurden in meinem Leben bisher Ängste eher verschwiegen? Oder habe ich gelernt, darüber zu reden? (Was ausgesprochen ist, verliert an Macht über uns.)

3. Bibeltexte lesen, darüber nachdenken, z.B. »Der sinkende Petrus« (Matthäus 14,22-33) oder »In der Welt habt ihr Angst« (Johannes 16,33).

4. Luthers Abendsegen gemeinsam beten:

Ich danke dir, mein himmlischer Vater, durch Jesus Christus, deinen lieben Sohn, dass du mich diesen Tag gnädiglich behütet hast, und bitte dich, du wollest mir vergeben alle meine Sünde, wo ich unrecht getan habe, und mich diese Nacht gnädiglich behüten. Denn ich befehle mich, meinen Leib und Seele und alles in deine Hände. Dein heiliger Engel sei mit mir, dass der böse Feind keine Macht an mir finde. Amen.

Ich liege und schlafe ganz in Frieden,
denn du bist bei mir – mein Licht in der Nacht.
Du weißt, was mir fehlt, bevor ich rede,
bist mein Trost, wenn die Angst mich
schlaflos macht.

(Manfred Siebald)

Melodie: Manfred Siebald
Text: Manfred Siebald, nach Psalm 4
Satz: Gerhardt Ziegler

Bildbetrachtung:

Nicht auf den Löwen,
sondern auf Jesu schützende Hand sehen!

[Quelle: Freundesbrief ›Offensive junger Christen‹]

aus H. Risch: Ich rufe zu dir (Krankengebete), Brockhaus

Können Sie uns Deutschen vergeben?

Sehr geehrte Frau Salomon,

mit Bewegung habe ich Ihr Buch »Was wird der Morgen bringen?« gelesen, das Sie zusammen mit Ihrer Freundin Marianne Adam geschrieben haben. Sie berichten darin, welch unsagbares Leid Sie als Jüdin in Auschwitz durchgemacht haben und wie Sie sterbensmatt aus dieser Hölle wieder herausgekommen sind. Dass Menschen, die ein so grauenvolles Trauma erlebt haben, lebenslang psychische und körperliche Schäden davontragen, sogar Selbstmordgedanken haben und voller Verbitterung und Anklagen sind, das kann ich mir sehr gut vorstellen. Darum habe ich in diesem Buch mit großer Aufmerksamkeit Ihr Porträt betrachtet. Zu meinem Erstaunen sehe ich eine weißhaarige, ältere Dame mit frohem Blick und strahlendem Lächeln ohne bittere Züge! Wie kann man nach solch schrecklichen Erlebnissen noch so herzerfrischend lachen? Ihre froh machende Ausstrahlung auf dem Foto gibt mir den Mut, diesen Brief an Sie zu schreiben.

Zuerst möchte ich Ihnen ein seltsames Erlebnis schildern:

Gleich nach der Wende, als die Grenzen in die frühere DDR sich öffneten, reiste unser Pfarrkollegium nach Sachsen-Anhalt zu einer Begegnung mit dortigen Pfarrern. Unter anderem besichtigten wir auch das Gelände des Konzentrationslagers Buchenwald. In der schmucklosen Eingangshalle erinnerte uns einer der Kollegen: »1938 und 1939 war hier der Hunsrücker Pfarrer Paul Schneider inhaftiert. Er hatte sich konstant geweigert, die Hakenkreuzfahne zu ehren – auch nicht zum Schein, wie viele andere es taten. Die Vergeltung war furchtbar: Er erhielt ›Bunkerhaft‹; dieses grauenvolle Lagergefängnis wurde sein Quartier bis zu seinem Tode. Standhaft verweigerte er weiterhin den Hitlergruß, trotz qualvoller Strafen. Es kam vor, dass vor dem ›Bunker‹ größere Appelle stattfanden. Dann erscholl aus dem Inneren laut die Stimme des Pastors, der in kurzen Bibelversen der KZ-Gemeinde eine Predigt hielt, bis man ihn niederprügelte. Nach 13 Monaten grausamer ›Sonderbehandlung‹ starb der ›Prediger von Buchenwald‹, wie man ihn nannte. Im ganzen Lager herrschte große Trauer über seinen Tod.«

Schweigend und recht befangen betraten wir schnurgerade, sauber gefegte Pflasterwege. An den ungepflasterten Rechtecken konnten wir erkennen, wo ehemals die Gefangenenbaracken gestanden hatten. Es war nur noch wenig für uns zu sehen; niemand gab Erklärungen. Die meisten, die uns von dem grauenhaften Leid etwas hätten sagen können, sind umgebracht worden oder verstorben. Sie konnten nicht mehr sprechen. Ich schaute auf die runden Pflastersteine zu meinen Füßen und dachte: »Wenn sie reden könnten!« Spontan fielen mir Jesu Worte ein: »Wenn jene schweigen, dann werden die Steine schreien!«

Auf einmal sah ich sie vor meinem inneren Auge: in Lumpen gewickelte, geschwollene Füße, die in Holzpantinen stecken und mühsam über dieses Pflaster wanken, vor Erschöpfung stolpernde Schritte, ausgemergelte, gebeugte Gestalten, bis zur Unkenntlichkeit abgemagert. Mein inneres Ohr hörte Seufzer und Stöhnen, hoffnungsloses Wimmern und Menschen verachtende Peitschenschläge ...

Zutiefst betroffen blieb ich stehen. Ein hilfloses Schluchzen stieg in mir hoch. Trotz meiner Benommenheit spürte ich, wie unaufhörlich Tränen über meine Wangen liefen.

Da merkten meine Kollegen, dass ich zurückgeblieben war, und warteten auf mich. Ich hatte aber nicht die Kraft, zu ihnen aufzuschließen. Das war mir peinlich. Mein Dekan kam zurück und sah mein Aufgewühltsein. Tröstend sagte er zu mir: »Du kannst wirklich nichts dafür! Du warst doch damals noch ein Kind.« – »Ja«, stieß ich hervor, »aber eine Deutsche!«, denn in diesem Augenblick war mir voller Scham bewusst geworden: Es waren ja Deutsche gewesen, die dieses unsägliche Leid verursacht hatten – sozusagen meine Brüder und Schwestern.

Als wir uns beruhigt und Abstand gewonnen hatten, tauchten im Kollegenkreis viele Fragen auf: »Wie kommen Menschen dazu, an wehrlosen Juden und anderen solche Gräueltaten zu verüben?« – »Waren sie willenlose Rädchen einer Todesmaschinerie? Oder konnten sie selbst entscheiden, wie sie sich Juden gegenüber verhalten wollen?«

Wir fanden heraus, dass die damaligen Deutschen durchaus in der Lage waren, die Politik des Hitlerregimes zu bewerten und eine individuelle Entscheidung zu treffen. Allerdings trieb in ganz Europa seit Jahrzehnten und Jahrhunderten der Antisemitismus unter der Decke sein Wurzelgeflecht. Erst durch den Nationalsozialismus konnte er emporschießen und nicht nur in Deutschland, sondern auch in den von uns eroberten Ländern seine verbrecherischen Taten verüben. Ohne Hitler und ohne die Bereitschaft der antisemitisch gesonnenen Bevölkerung wäre der Holocaust niemals möglich gewesen! Unter seinem rassistischem Regime konnte die schlimmste Gemeinheit der Menschennatur zum Ausbruch kommen.

Wir forschten auch dem nach: Was wussten die Deutschen vom Holocaust? Eine gerade durchgeführte Befragung hatte ergeben: 6% der Bevölkerung waren als Täter oder Zuschauer bei Massenerschießungen selbst beteiligt, 8% waren Augenzeugen der Zustände in den Konzentrationslagern; noch während des Krieges haben 19% zuverlässig davon erfahren. Gleich nach Kriegsende erfuhren 70% der Deutschen durch Berichte und Bilder von den Verbrechen in den Arbeitslagern und auf den Todesmärschen. Ich kann mich noch gut erinnern, was heimkehrende Soldaten meiner Mutter und mir darüber zuverlässig berichtet haben. Wir wollten es zunächst nicht glauben.

Aber warum will heute kaum jemand etwas davon gewusst haben? Ist bei den Deutschen die Feigheit vor den herrschenden Zeittendenzen besonders verbreitet? Welche Lehren müssen wir aus dem Holocaust ziehen?

Solche Fragen beschäftigen uns, liebe Frau Salomon.

Ja, es ist nun unsere Verantwortung, diese grauenvollen Tatsachen keineswegs zu verdrängen, sondern immer wieder darauf hinzuweisen, damit sie sich nie, nie, nie mehr wiederholen. Wir wollen die Sensibilität schärfen, dass schon die Ansätze für Diskriminierung und Rassenhass erkannt und bekämpft werden; denn auch heute sind Rassismus und Fremdenhass bedauerlicherweise an der Tagesordnung.

Es fällt mir schwer, liebe Frau Salomon, meine Gefühle und Gedanken, die ich damals in Buchenwald hatte, in Worte zu fassen. Ihr Buch hat sie in mir wieder wach werden lassen. Deshalb schreibe ich Ihnen. Was in den Konzentrationslagern durch uns Deutsche geschehen ist, das ist nie mehr gutzumachen. Eine Schuld, die zum Himmel schreit! Können Sie uns Deutschen verzeihen?

Über die Marienschwestern, die in Jerusalem die Heimstätte »Beth Abraham« führen, in der sich KZ-Geschädigte körperlich und seelisch erholen können, habe ich Ihre Adresse erfahren.

Ob Sie mir vielleicht eine Antwort zukommen lassen können? Ich wäre Ihnen sehr dankbar.

Ganz kurz zu meiner Person: Ich bin eine pensionierte Pfarrerin aus Südwestdeutschland, bin früh verwitwet und habe sechs erwachsene Kinder und – bis jetzt – vier reizende Enkel. Soweit es mir möglich ist, bin ich als Autorin und als Reisereferentin in der Frauenarbeit tätig. Auch ich habe sehr Schweres erlebt, wie den frühen Tod meines Mannes und die Erziehung meiner sechs vaterlosen Kinder; doch es war unvergleichlich anders als das, was Sie durchlitten haben.

In innerer Verbundenheit grüßt Sie
und Ihre Freundin sehr herzlich

Ihre

Hannelore Risch

Und so antwortete mir Ella Salomon:

Liebe Chana, du hast einen jüdischen Namen nach Hanna, der Mutter Samuels. Danke, danke für deinen Brief, der mir so wertvoll ist und gut tut! Während ich jetzt an dich schreibe, lächle ich dich an. Nach all den furchtbaren Erlebnissen im KZ Auschwitz hat Gott meiner Lagerschwester und mir wieder das Lachen geschenkt: Es ist die Freude an unserem wunderbaren Gott. Er war damals mitten im Grauen an unserer Seite. Er hat mit uns gelitten und hat zu uns geredet. Dann hat er uns herausgerettet, damit wir hernach unseren Messias erkennen sollten. Doch es bleibt eine Frage ohne Antwort: Warum mussten so viele von uns dort umkommen? Warum?

Ich gebe zu: Als meine Mutter und ich entlassen waren und auf der Heimfahrt nach Siebenbürgen im Güterwagen hockten, da waren wir voller Hass. »Wenn ich eine Axt hätte und Hitlers willige Vollstrecker vor mir stünden, ich könnte sie umbringen!«, sagte meine Mutter, eine gebildete Frau und Ärztin. Wir sind beide erschrocken über die Tiefe unseres Hasses. Aber wir bemühten uns sehr, ihn unter die Füße zu bekommen. Ich habe Jahre dazu gebraucht.

Erst als ich Jeschua als unseren Messias erkannte, hat sich vieles geändert. Er hat mir meinen Hass, meine Verbitterung und alle meine Sünden vergeben. Deswegen will und kann ich den Deutschen, ja allen meinen Nächsten, von ganzem Herzen verzeihen. Ich kann nicht erwarten, dass er mir verzeiht und ich gleichzeitig nachtragend bleibe. Meine Seele gehört meinem Herrn. Sie darf nicht von Groll und Bitterkeit beschmutzt sein.

Ich kann jetzt auch die lieben, die heute zanken, denn morgen werden sie einander vergeben. Halleluja!

Weil ich Jüdin bin, ist Jeschua mein Bruder. Er predigte damals, als er hier lebte, die Versöhnung. Er ist die Quelle aller Versöhnung. Er hat uns mit Gott versöhnt. Sie kann nicht innerhalb der Grenzen eines Landes eingesperrt bleiben; nein, sie muss über diese hinausgehen zu Deutschen, zu Palästinensern, zu Juden, ja zu allen Menschen.

Chana, Liebe, wenn du einer Person begegnest, die nicht verzeihen kann, dann singe ihr das Lied »O Herr, deine Sanftheit löst alle meine Bitterkeit«. Ich lege es dir bei. Und bete auch für sie, dass sie bereit wird zu vergeben!

Falls wir uns einmal in Deutschland treffen oder du mich in Jerusalem besuchst, kann ich es dir mündlich besser erklären als in diesem Brief.

In messianischer Liebe umarmt dich

deine *Ella*

O Herr, Deine Sanftheit

Text (nach Jak 5,11)
und Melodie: Graham Kendrick
Deutsch: Manfred Schmidt

Tatsächlich konnte ich es ermöglichen, Ella Salomon noch im gleichen Jahr in Jerusalem zu besuchen. Eine weißhaarige, temperamentvolle Dame öffnet mir die Tür, stürzt mir entgegen und schließt mich mit Wärme in ihre Arme. »Dass du von Deutschland kommst und mich besuchst!« Sie ist außer sich vor Freude. Ich bin beschämt, dass sie mich als Deutsche mit solcher Liebe aufnimmt.

Da es sehr heiß ist, serviert sie mir in ihrer kleinen Küche gleich ein erfrischendes Getränk. Wir sitzen uns am Küchentisch gegenüber. Da erkenne ich an ihrem Unterarm eine eingravierte, vielstellige Zahl. Traurig bemerke ich: »Ihr wart im KZ nur noch Nummern, keine Persönlichkeiten mehr – aller Menschenwürde beraubt!« – »Chana, wir waren der Abschaum der Menschheit«, ergänzt sie ohne jede Bitterkeit, »man hatte sogar ein gutes Gewissen dabei, uns qualvoll auszurotten!« – »Aber bei unserem himmlischen Vater bist du keine Nummer, liebe Ella, sondern seine geliebte Tochter!«, erinnere ich sie. Sie nickt und zeigt mir ihre Handflächen: »Er hat mich in seine Hände gezeichnet!«

Voller Trauer sprechen wir über den letzten Terroranschlag auf einen Bus, bei dem es Tote und Verletzte gab. »Unser Volk erlebt seit Jahrhunderten bis heute einen Dauerholocaust mit kürzeren oder längeren Pausen!«, sagt sie mit Tränen in den Augen. Wir schweigen und denken an Auschwitz und Buchenwald. »Und trotzdem hast du den Deutschen vergeben, liebe Ella«, spreche ich sie an. »Ja, ich vergebe ihnen total, weil Jesus Christus mir total vergibt.«

Ella Salomon macht eine Pause und sinnt nach. Dann betont sie: »Ich vergebe auch dem, der mich brutal an den Haaren herumgezerrt, mich auf den Kopf geschlagen und mich schwer misshandelt hat.«

»Du bist ein Vorbild im Vergeben, Ella. Ich danke dir dafür«, sage ich bewegt und fahre fort: »In Deutschland gibt es so viele junge und ältere Christen, die ihren Nächsten nicht vergeben wollen. Sie haben bei weitem nicht so Entsetzliches erlebt wie du, und doch bleiben sie nachtragend und unversöhnlich.«

»Was für Probleme haben sie?«, fragt sie mich. »Zum Beispiel verurteilen junge Erwachsene ihre Eltern wegen gewisser Mängel in ihrer Kindheit«, erkläre ich, »oder die Älteren haben mit ihren Verwandten Streit um ein Erbe oder Ehepaare leben in einem ständigen Zwist – überall zerstörte Beziehungen und zerbrochene Herzen! Die Kunst zu vergeben und sich zu versöhnen, haben sie sich nicht angeeignet. Deswegen bist du, Ella, ihnen eine Lehrmeisterin im Vergeben.«

»Ich kann es nur aus der schöpferischen Kraft, die Gott mir gibt, wenn ich ihn darum bitte«, meint Ella, »außerdem stärkt es mich, dass ich Mitglied in einer sehr lebendigen messianischen Gemeinde bin. Sie ist ›in der Liebe brennend‹. Wir haben jetzt gerade monatelang den ungarischen Gastarbeiter Lajos liebevoll betreut. Er wurde durch einen Terroranschlag schwer verletzt, lag hilflos im Krankenhaus und verstand kein Hebräisch. Deshalb habe ich ihn täglich besucht und mit ihm in seiner Muttersprache gesprochen. Unsere kleine Gemeinde hat seine Frau Olga eingeladen; das trug natürlich viel zu seiner Genesung bei.

Wenn irgendjemand in äußerer oder innerer Not ist, so versuchen wir, ihm helfend zur Seite zu stehen.«

»Wie bist du Christin geworden, Ella?«, frage ich. »Das war 1980«, antwortet sie mir, »damals habe ich in Beth Abraham die Marienschwestern kennen gelernt. Sie sagten zu mir einen Satz, den ich nie vorher gehört hatte: ›Bitte, vergeben Sie uns Deutschen, was wir Ihnen und dem jüdischen Volk angetan haben!‹ Das hat mich zutiefst getroffen und etwas Hartes in mir aufgeweicht. Meine Faust hatte immer noch den Hass festgehalten, aber jetzt konnte ich sie langsam öffnen und den Hass loslassen.

Bald danach lernte ich eine Schweizer Familie kennen. Diese Lieben erklärten mir ausführlich, dass Jeschua der Messias ist. Ich reichte ihm meine leere Hand, er ergriff sie und hält sie voller Liebe bis heute fest.

Er lebte damals in unserem Land und er wird hierher wiederkommen. Dann endlich wird mein Volk erkennen, dass es derselbe Messias ist: der, den die Christen verehren und der, den die Juden erwarten.

Aber vorher, liebe Chana, kommen schreckliche Zeiten auf uns zu. Die Menschen werden

Chaos, Nöte und Ängste erleben. Und die wenigsten sind darauf vorbereitet! Das macht mir viele Gedanken, so dass ich manchmal nachts nicht schlafen kann. Doch dann denke ich an das tröstende Wort vom ›Würmlein‹ Jakob in Jesaja 41. Kennst du es?« – »Ja«, antworte ich, »fürchte dich nicht, du Würmlein Jakob, du armer Haufe Israel!« – »›Ich helfe dir‹, spricht der Herr«, ergänzt Ella, »›und dein Erlöser ist der Heilige Israels!‹«

Wir beide haben uns so viel zu erzählen. Die Zeit ist viel zu kurz. Zum Abschied bittet mich Ella: »Bete auch für meinen Enkel! Er dient für drei Jahre in unserer Armee. Oft ist er in Lebensgefahr. Mein Großmutterherz, durch die Jahre im KZ geschwächt, leidet physisch mit ihm.« Ich verspreche es ihr.

Wir verabschieden uns in Freundschaft und hoffen auf ein Wiedersehen.

Anregungen für ein Gruppengespräch:

1. Für die Gesprächsteilnehmer das Bild »6.000.000+1« bereithalten und gemeinsam betrachten

2. Fürbitte und Segensgebet für Israel

3. Den folgenden Liedvers im Gedenken an Israel gemeinsam singen (Melodie: Großer Gott, wir loben dich):

Sieh dein Volk in Gnaden an.
Hilf uns, segne, Herr, dein Erbe;
leit' es auf der rechten Bahn,
dass der Feind es nicht verderbe.
Führe es durch diese Zeit,
nimm es auf in Ewigkeit.

Evang. Gesangbuch 331,9

zu 1.: Gedanken zum Bild »6.000.000+1«

Dieses erschütternde Bild hing im Holocaust-Museum in Jerusalem. Im Hintergrund gehen jüdische Menschen in den sicheren Tod; schwarze Mauern versperren den Weg in das Leben und in die Freiheit. Hier gibt es kein Entkommen, keinen Ausweg mehr. Männer, Frauen und Kinder werden »wie Lämmer zur Schlachtbank geführt«. Ihr einziges Verbrechen ist: Sie sind Juden.

Im Vordergrund zerrt ein deutscher Soldat den Gekreuzigten mit Gewalt vom Kreuz herunter, als wolle er sagen: »Los, komm! Du bist auch einer von denen!«

Welche Gedanken kommen mir beim Betrachten des Bildes?

zu 2.: Fürbitte und Segensgebet für Israel

Unser Gott und Vater, aus allen Völkern hast du Israel zu deinem Eigentum erwählt. Ihm gilt deine besondere Liebe. Am Ende unserer Zeit soll es nach deinem Willen noch einen missionarischen Friedensauftrag auf dieser Erde ausführen.

Für viele Menschen ist seine Erwählung ein Ärgernis. In der Vergangenheit waren es vor allem wir Deutschen, die daran Anstoß nahmen. In den Jahren von 1933 bis 1945 haben wir uns schwer gegen dich und die jüdischen Menschen versündigt. Wir sind mit schuld am Tod von Millionen deines auserwählten Volkes. Dem schreienden Unrecht haben wir nicht gewehrt, ihnen kaum geholfen, sondern weggeschaut und geschwiegen.

Herr, erbarme dich unser und vergib uns unsere Schuld!

Christe, erbarme dich unser und vergib uns unsere Schuld!

Lass uns auch stellvertretend für unsere Vorfahren um Vergebung bitten wegen ihrer judenfeindlichen Haltung.

(Stille zum Nachdenken)

Du vergibst Sünde, die unter dein Kreuz gebracht wird.

So nimm nun unser Gebet für Israel an:

Segne Israel, segne es!

Segne dort alle Arbeit, den Aufbau und sämtliche Friedensbemühungen!

Gib den Menschen, die dort wohnen, Juden wie Nichtjuden, Brot, Kleidung, Wohnung und Wasser, vor allem aber Frieden!

Wehre denen, die heute in unserer Mitte aufs Neue Glieder deines Volkes kränken.

Wehre dem Terror, dem Neid und dem Fremdenhass!

Lass deine Gebote allen vor Augen sein!

Lieber Herr, beschütze dein Volk Israel vor dem Hass der Nationen. Lass es in aller Bedrängnis sein

Vertrauen allein auf dich setzen.
Bewahre die Jugend vor Unmoral.
Öffne allen die Augen für dich, Jesus, den Messias!
Sieh dein Volk in Gnaden an;
segne Israel, dein Erbe! Amen.

Zitate:

»Es ist zu beklagen, dass wir
in Deutschland immer noch einen
Bodensatz von Antisemitismus haben.«
(Bischof Karl Lehmann)

»Vergessen führt in die Gefangenschaft.
Erinnern jedoch ist das Geheimnis
der Erlösung.«
(Gedenktafel in Jad-Wa-Schem,
Jerusalem, der Gedenkstätte für die
jüdischen Opfer des Naziterrors)

»In Europa gibt es neben dem wachsenden Rechtsradikalismus auch einen sich stärker ausbreitenden Antisemitismus. Der Wert meiner Arbeit über die Judenverfolgung von 1933 bis 1945 unter Hitler besteht darin, dass sie eine Warnung an die Mörder von morgen ist.«

(Simon Wiesenthal, 1941–1945 als
Jude Häftling in deutschen
Konzentrationslagern, jetzt
Leiter des Dokumentationszentrums
über Judenverfolgung in Wien)

„6.000.000 + 1"

Bild: »6000000+1«
aus dem Holocaust-Museum in Jerusalem

Wenn mögliche Liebe versäumt wird

Vor Jahren lernte ich eine pensionierte Realschulrektorin kennen, aufgeschlossen für die Welt des Geistes und der Seele. Sie ist Christin. Wovon sie innerlich überzeugt ist, das versucht sie auch in die Tat umzusetzen.

Doch bis heute beeindruckt sie mich am tiefsten durch die dankbare Grundhaltung ihres Herzens. Das Wörtchen »danke« ist wohl das am häufigsten gebrauchte in ihrem Denken und Reden. Sie hat nämlich die seltene Gabe, geradezu für alles dankbar zu sein. Selbst bei unangenehmen Dingen und in belastenden Situationen findet sie immer noch einen Grund, dafür zu danken. Wenn der Alltag grau verhangen und problembeladen ist, dann tastet sich ihr innerer Blick durch die dunkle Wolkendecke und freut sich, dass dahinter die Sonne am blauen Himmel scheint.

»Licht, Leben und Freude ist das Ziel der Wege Gottes – auch der schweren!«, sagt sie. Dabei redet sie nicht wie ein Blinder von der Farbe, denn sie hat in ihrem Leben schon viel Schweres erlebt: den schrecklichen Tod ihres Vaters und der Großeltern, den frühen Heimgang ihres geliebten Ehepartners. Bei einem Bombenangriff lag sie fünf Stunden schwer verletzt unter Trümmern begraben, deshalb muss sie heute noch Schmerzen erdulden und Operationen durchstehen.

»Wie können Sie trotz Ihrer schmerzvollen

Erlebnisse so fröhlich und dankbar sein?«, frage ich verwundert. »Mein Wahlspruch heißt: ›Non sine Christo‹ – Nichts ohne Christus!«, erklärt sie mir, »weil ich nämlich ohne Christus mein Leben mit den furchtbaren, dunklen Tälern nicht bestehen könnte.« Ich ahne: Mit Christi Beistand kann sie ihre menschlichen Grenzen überschreiten.

Im wohlverdienten Ruhestand hätte sie sich jetzt ein schönes Leben machen können: Studienreisen, Theaterbesuche, den großen Freundeskreis genießen, mit ihrem Wissen und ihren Erfahrungen den Jüngeren Anregungen geben und vieles mehr. Aber nein – etwas ganz anderes ist ihr wichtiger und erfüllt sie mit Dankbarkeit: Seit Jahren hilft sie ehrenamtlich alten und gebrechlichen Menschen in einem Alten- und Pflegeheim in Jerusalem. Sechzehnmal, jeweils für mehrere Monate, ist sie schon dort gewesen und freut sich, bald wieder bei ihren jüdischen pflegebedürftigen Freunden sein zu können. Welche Beweggründe mag sie haben? Ich frage sie danach und erfahre Erstaunliches:

Der Anfang dieses Weges ist ihr 13. Geburtstag. Damals schenkte die Patentante ihr einen schmalen Band mit Gedichten von Christian Morgenstern. Diese Gedichte beschäftigten das junge Mädchen und regten es zum Nachdenken an. Besonders einen Satz würde es nie vergessen: »Menschen werden aufschreien vor Schmerz, wenn sie zu der Erkenntnis kommen, was sie an Liebe, an möglicher Liebe versäumt haben im Laufe von Jahrhunderten.«

Selbst als der Gedichtband bei einem Fliegerangriff unter den Trümmern blieb, konnte die Bombe diesen Gedanken über die versäumte, mögliche Liebe, die schmerzlich bereut wird, nicht auslöschen. »Gibt es Situationen, wo Liebe nicht mehr möglich ist?«, frage ich sie. »Nein!«, antwortet sie mir. »Liebe ist immer möglich, denn dies entspricht ihrem Wesen!«

Weil sie sich damals geweigert hatte, in eine Organisation der Hitlerpartei einzutreten, wurde sie als Mädchen 1941 zum Militärdienst auf dem Flugplatz Le Bourget bei Paris verpflichtet.

»Eines Abends wurde dort die Nachricht weitergegeben«, berichtet sie mir in der ihr eigenen, durchdachten Ausdrucksweise, »dass jüdische Menschen in ein Arbeitslager nach Gurs gebracht worden seien. Ich war entsetzt und bat meinen Vorgesetzten, etwas dagegen zu unternehmen. ›Es ist zu spät!‹, antwortete er sichtlich betroffen. ›Zu spät für die mögliche Liebe?‹, dachte ich mit schmerzlichem Gefühl – und schwieg.

Gleich nach Kriegsende habe ich in tiefer Erschrockenheit von den unbegreiflichen Gräueltaten in den Konzentrationslagern erfahren. Da war er wieder da, dieser Schmerz über die versäumte Liebe, die trotz der Widerstände möglich gewesen wäre. Weil ich selbst viel Schweres und manchen Verlust erlebt habe, kann ich um so intensiver das unsagbare Leid der betroffenen Juden nachvollziehen. In vielem ist es noch furchtbarer als das meine. Darum hat mich mein unschuldiges Schuldigwerden, die ›mögliche Liebe‹

versäumt zu haben, immer wieder nach einem Weg Ausschau halten lassen, vor erneuter Schuld bewahrt zu werden. Nicht als ob sich so Leidvolles wieder gutmachen ließe! Wiedergutmachung ist allein Gott vorbehalten. Wir Menschen können nur den bescheidenen, demütigen Versuch wagen, in schwierigen Situationen das ›Durchlieben‹ zu erproben. Es ist die Antwort auf die Herausforderungen, die uns Vergangenheit und Gegenwart stellen.

Nach meiner Pensionierung machte ich mich mit einem inneren Auftrag auf den Weg nach Jerusalem. Wie einem jeden, der sich seiner Schuld bewusst ist, fiel mir der Aufbruch schwer. Ich ahnte nicht, was mich erwarten würde. Aber meine wohl überlegte Entscheidung konnte und wollte ich nicht mehr rückgängig machen.

Immer werden mir die ersten Schritte gegenwärtig sein, als ich mit bangem Gefühl durch den gepflegten Garten zum ›Moses-Elternheim‹ gehe. Ich sehe mich noch zaghaft vor dem Büro stehen und spüre mein Herzklopfen. Kaum wagte ich zu hoffen, dass dieses Haus auch für mich in einer unaussprechlichen Weise ›heimatlich‹ würde. Doch die Güte und Liebenswürdigkeit, die mir als einer, die dieser Liebe nicht würdig war, entgegengebracht wurden, ließen mich meine Bangigkeit rasch überwinden. So konnte ich bald darauf mit einem ›mutfreudigen Herzen‹, wie man in der Antike sagte, meinen Dienst auf der Pflegestation beginnen. Glücklicherweise gab es keine sprachlichen Schwierigkeiten, da die alten Damen und

Herren weitgehend aus Deutschland kommen, in den letzten Jahren auch aus Russland. Die meisten haben als Kinder und junge Erwachsene in Verfolgungszeiten und Konzentrationslagern körperliche und seelische Qualen durchgestanden.

Es bewegt mich und beglückt mich immer wieder von neuem, dass ich als Deutsche von ihnen so gütig angenommen werde. Dadurch erfahre ich eine Geborgenheit, die die Fremde in Heimatlichkeit umwandelt. Ich werde mit hineingenommen in die Bewältigung der furchtbaren Erfahrungen, die diesen feinen, alten Menschen damals zugemutet worden waren. An dem, was sie durchlitten haben, leide ich mit. Was man ihnen auferlegt hatte und was sie bis heute niederbeugt, trage ich mit. Nichts verbindet tiefer, als wenn einer des anderen Last mitträgt. Dass meine jüdischen Freunde mir, der Deutschen, ihre traumatischen Erlebnisse erzählen können, ist Balsam auf ihre Wunden. Sie spüren, dass ich mit ihnen fühle – voller Scham und Reue.«

Verwundert frage ich: »Was zieht Sie nicht nur einmal, sondern seit Jahren immer wieder zu diesem schweren Dienst im Pflegeheim hin?« Sie antwortet: »Die Seelengröße dieser leidgeprüften Menschen! Wenn ich darüber nachdenke, wie diese entstanden sein könnte, fällt mir als Antwort eine alte Geschichte ein aus dem Märchenschatz des Orients. So wird erzählt:

Ein rachsüchtiger Mensch bindet in die Krone einer jungen Palme einen schweren Stein hinein, weil er sie um ihre Schönheit und um ihren Lebensmut beneidet. Nun wird es ihr unmöglich, der Sonne entgegen zu wachsen und ihre Zweige zu entfalten. Lange Zeit kümmert sie dahin. Doch plötzlich kommt Leben in sie. Sie entwickelt sich jetzt prächtig und wächst, als wolle sie den Himmel erobern. Unerklärlich ist es für alle, die dieses Wunder miterleben. Erst ein Weiser deutet das Geheimnis: Die schwere Last hat die Palme gezwungen, ihre Wurzeln tief in die Erde zu treiben. Dabei treffen diese auf eine Wasserader, die der Palme ungeahnte Kräfte verleiht, aus denen sie nun lebt. Durch die Belastung, die sie hätte erdrücken sollen, kann sie nun Früchte bringen, die andere nähren.«

Ich erkenne: Die Seelenkräfte, die den Leiderfahrenen im Moses-Elternheim aus dem dunklen Schicksal erwuchsen, lassen die Frucht einer wunderbaren Güte und Versöhnung wachsen.

Meine »Israelfreundin«, wie ich sie in Gedanken oft nenne, darf sie in Fülle schmecken – für sie ein beglückendes Geschenk. Sie erzählt mir weiter: »Immer wieder muss ich staunen, mit welcher Milde ich jedes Mal aufgenommen werde, obwohl ich aus dem Land stamme, das zu unvorstellbarem Unrecht fähig war, und zu der Generation gehöre, die aus schuldhafter Unwissenheit und Angst die ›mögliche Liebe‹ versäumt hat. Die Zuwendung und das Teilhabendürfen am Leben dieser liebenswerten, alten Menschen beschenkt mich in einer Weise, die ich nicht in Worte fassen kann. Daher möchte ich gern noch viel mehr tun als nur meine bescheidenen Dienste wie: das

Essen zu reichen, sie spazieren zu fahren, ihre Briefe zu schreiben und einiges mehr. Vor allem will ich – so hieß es im alten Griechenland – ›die Schulter meines Herzens‹ unter die schwere seelische Last schieben, die den mir anvertrauten Menschen auferlegt ist.

Eine weitere Erkenntnis hat sich in mir vertieft: Welch ein Reichtum liegt im ›Da-sein für andere‹! Kräfte, die man schenkt, bringen Erfüllung für alle: für den Schenkenden und für den Beschenkten, auch und gerade am Abend des Lebens. So viel verdanke ich den beglückenden Erfahrungen im Moses-Elternheim! In wunderbarer Weise ist es für mich zur zweiten Heimat geworden, wo ich Geborgenheit, Freude und Nähe erlebe und das Geschenk, mich in meinem ›So-sein‹ einbringen zu dürfen.«

Wie gebannt höre ich zu und staune immer mehr über die ungewöhnliche Beschäftigung einer pensionierten Lehrerin. Nachdenklich frage ich mich: Woher nimmt sie die innere Stärke, mit der »Schulter ihres Herzens« die traumatischen Erinnerungen der leidgeprüften Menschen mitzutragen? Was ist die Stütze ihrer Tragfähigkeit? Wo liegt ihre Quelle der »möglichen Liebe«? Ja, wie schafft sie es nur, den seelischen Druck immer wieder abzugeben, um nicht selbst darunter zerbrechen zu müssen? Wie ist es möglich, dass sie statt Schwermut zu zeigen, so viel Zuversicht ausstrahlt?

Auf der Suche nach Antwort schaue ich mich unauffällig in ihrem Wohnzimmer um. Da wird mein Blick immer wieder von einer gotischen Statue angezogen, die auf geheimnisvolle Weise das ganze Zimmer beherrscht. Sie stellt zwei sitzende Personen dar, die miteinander liebevoll verbunden sind, als seien sie eins: Christus und sein Jünger Johannes.

Meine Freundin sieht mein Erstaunen und erklärt mir: »Diese Plastik ist eine Nachbildung der Christus-Johannes-Gruppe des ›Sigmaringer Meisters‹. Ihr Original steht in einem Museum in Berlin. Meine geliebte Mutter hat sie mir geschenkt, als wir beide viel Trost nötig hatten. Sehen Sie, wie Johannes, traurig und doch voller Vertrauen, sich an Christi Schulter anlehnt; wie er seinen Kopf neigt, so dass sein Ohr den Herzschlag seines Herrn hört! Dieser scheint zu sagen: ›Mein Herz schlägt für dich!‹ Mit großer Zartheit hält er in seiner Rechten die Hand des jungen Freundes und legt schützend seinen Arm um dessen Schulter. Sein Gesicht ist ihm zugewandt, und doch schauen seine Augen wissend über ihn hinweg, als sähen sie alles: das, was war, das, was seinen Freund jetzt bewegt, und das, was auf ihn zukommen wird. Das rote Band, das beide locker umschlingt, zeigt symbolhaft, dass innige Liebe die beiden miteinander verbindet.«

Schweigend nehmen wir eine Zeit lang die Plastik in uns auf. Ich denke darüber nach, ob ich mich statt des Johannes an die Seite Jesu setzen und alle meine Bedrückungen in seine Hand legen kann? Werde ich dann getröstet, entlastet und geborgen sein? Bin ich dort an der Quelle der immer möglichen Liebe, die auch für mich sprudelt, so dass ich genug habe, um davon weitergeben zu können? Als hätte sie meine Gedanken erraten, nickt meine »Israelfreundin« mir zu und sagt fröhlich: »Ja!«

Anregungen für ein Gruppengespräch:

1. *Stilles Nachdenken: Gibt es auch in meinem Leben Situationen, wo ich die »mögliche Liebe« schuldig geblieben bin?*
2. *Lesen von 1. Korinther 13,4-8a, danach ein zweites Mal lesen, dabei das Wort »Liebe« durch das Wort »ich« ersetzen, z.B. Ich bin langmütig (d.h. geduldig), ich bin freundlich, ich eifere nicht, ich treibe nicht Mutwillen, ich blähe mich nicht auf…*
3. *Noch einmal 1. Korinther 13,4–8a lesen, doch jetzt das Wort »Liebe« durch das Wort »Jesus« ersetzen: Jesus ist langmütig …*
4. *Austausch über den Sinn dieser beiden »Wortspiele«*
5. *Gemeinsames Gebet: O Herr, mach mich zu einem Werkzeug deines Friedens. Anschließend stilles Nachdenken über dieses Gebet.*
6. *Die Christus-Johannes-Darstellung betrachten, eventuell Postkartenfotos besorgen und den Gesprächsteilnehmern schenken.*

Gebet

O Herr, mach mich zu einem
Werkzeug deines Friedens,
dass ich Liebe übe, wo man sich hasst,
dass ich verzeihe, wo man sich beleidigt,
dass ich verbinde da, wo Streit ist,
dass ich die Wahrheit sage, wo der Irrtum herrscht,
dass ich den Glauben bringe, wo der Zweifel drückt,
dass ich die Hoffnung wecke, wo Verzweiflung quält,
dass ich ein Licht anzünde, wo die Finsternis regiert,
dass ich Freude mache, wo der Kummer wohnt.

Herr, lass du mich trachten:
nicht, dass ich getröstet werde,
sondern dass ich andere tröste;
nicht dass ich verstanden werde,
sondern dass ich andere verstehe,
nicht dass ich geliebt werde,
sondern dass ich andere liebe.

Denn, wer da hingibt, der empfängt;
wer sich selbst vergisst, der findet;
wer verzeiht, dem wird verziehen;
und wer hier stirbt,
der erwacht zum ewigen Leben.

O Herr, mach mich zu einem Werkzeug
deines Friedens.

Amen

(aus Evang. Kirchengesangbuch Nr. 416)

Bild in s/w: Christus-Johannes-Gruppe aus Sigmaringen (14.Jh.) [Bildarchiv Foto Marburg]

Farbiges Bild der Christus-Johannes-Darstellung aus: Staatliches Museum Preußischer Kulturbesitz, Stauffenbergstraße 41, 10785 Berlin

aus H. Risch: Gott tröstet (alte Ausgabe), Brockhaus

Eine Lebenswende und ihre Folgen

I.

Auf einer Frauenfreizeit im Westerwald ist mir Beate Bodo zum ersten Mal begegnet. Sorgfältig geschminkt, superschick angezogen, mit langen, dunklen Haaren wirkte sie unter den anderen Frauen wie eine Exotin. Auf unsere erstaunten oder auch kritischen Blicke antwortete sie mit einem gewinnenden Lächeln. Ihr gesundes Selbstwertbewusstsein schien auszudrücken: »So ist eben mein Stil, mich zu kleiden!« Voller Anteilnahme und Freundlichkeit ging sie auf jede von uns zu. Offensichtlich hatte sie Freude an neuen Kontakten. Ich war Zeugin, wie sie mit Wärme ihre ärgste Kritikerin umarmte und völlig entwaffnete.

Wer ist Beate Bodo? Leider hatte ich damals nicht genügend Zeit, um ausführliche Gespräche mit ihr zu führen. Deshalb freute ich mich sehr, ihr einige Jahre später auf einem Seminar für Seelsorger/innen wieder zu begegnen.

Noch immer ist sie eine auffallend attraktive, jung aussehende Frau; doch ihre Gesichtszüge zeugen jetzt von mehr Reife und Erfahrung. Unter vier Augen erzählt sie mir so plastisch von ihrem inneren Werdegang, dass ich Szene für Szene wie in einem Film vor mir sehe:

Beate liegt wegen Krebsverdachts in einem Essener Krankenhaus. Die Operation ist überstanden, und jetzt wartet sie angstvoll auf das Ergebnis. Hat sie Krebs? Und wird sie daran sterben? Vielleicht schon bald? Dann ist dieses interessante, turbulente Leben mit einem Schlag vorbei! Ein tiefer Schmerz überfällt sie.

Sie denkt an Mann und Sohn, ihre beiden Liebsten, an den schönen Freundeskreis mit den fröhlichen Partys, an ihren Doppelberuf als Beraterin in der Möbelbranche und an manchen Wochenenden als Reiseleiterin in die Hauptstädte Europas.

So sinnt sie über ihr Leben nach: »Eigentlich habe ich vieles in Bewegung gebracht. Oft war ich eine Brückenbauerin und habe die unterschiedlichsten Menschen zusammengeführt. Manchmal musste ich auch Eisbrecher sein, gute Gespräche in Gang bringen und Wärme verbreiten. Eigentlich gibt es nichts Interessanteres, als Menschen und ihre Schicksale kennen zu lernen. Es macht mir so viel Freude, ihnen wohl zu tun und Anteil an ihrem Leben zu nehmen.

Aber das ist nur die eine Seite meines Daseins – die farbige Lackschicht; doch meine tiefer liegende Schicht ist mir selber rätselhaft. Habe ich doch äußerlich alles, was ich mir wünsche; trotzdem empfinde ich innerlich einen Mangel. Es muss noch etwas geben, das mehr ist als das, was mir jetzt zwischen den Fingern zerrinnt: Leben, das bleibt! Diese Leere in mir – sie schreit nach Erfüllung! Ein Hunger – er will befriedigt werden; ein innerstes Verlangen, so angenommen zu sein, wie ich wirklich bin; ein Sehnen nach Geborgenheit und tiefer, echter Liebe ist in mir aufgebrochen. Ich kann es nicht mehr unterdrücken. Ist es vielleicht das urmenschliche Heimweh nach dem verlorenen Paradies?«

Während sie über Leben und Sterben nachdenkt, klopft es an ihre Tür. Sie ruft: »Herein!« Eine sympathische Dame in einem grünen Kittel tritt ein: »Darf ich einen kurzen Besuch bei Ihnen machen? Ich bin eine der sogenannten ›Grünen Damen‹, die ehrenamtlich in diesem Krankenhaus Patienten besuchen.« – »Ach!«, wehrt Beate ab, »Sie können mich doch nicht verstehen; denn Sie sind gesund!« – »Sie täuschen sich, Frau Bodo! Ich habe seit sechs Jahren Krebs und einen künstlichen Ausgang.« Trotzdem leuchten ihre Augen. Ihre froh machende Ausstrahlung wirkt auf Beate wohltuend.

So fragt sie ihre Besucherin: »Wie kommt es, dass Sie als Krebskranke nicht niedergeschlagen sind? Woher nehmen Sie die Kraft, Patienten wie mich zu besuchen?« – »Das bewirkt wahrscheinlich mein Glaube!«, meint die »Grüne Dame«. Da fasst Beate Vertrauen und erzählt ihr von ihrem innersten Sehnen und von den vergeblichen Versuchen, es zu stillen: »Ich habe Selbsterfahrungsgruppen besucht und manches Psychologie- und Esoterikbuch gelesen. Alles Übersinnliche wirkt auf mich faszinierend und beeinflusst mich. So kann ich Sternzeichen deuten, Horoskope erstellen, mit einem Pendel Geschehnisse voraussagen. Oft bin ich selbst über meine hohe Sensibilität überrascht. Und doch bin ich zutiefst traurig und leer!«

Die »Grüne Dame« hört aufmerksam zu und bemerkt zögernd: »Könnte es vielleicht sein, dass Ihre Seele krank ist und hungert? Sie haben ihr zwar vieles angeboten, aber leider nicht das, was sie nähren kann: ›Brot des Lebens‹.« – »Wo gibt es das?«, fragt Beate. »An manchen Stellen, z.B. im ›Haus der Begegnung‹, wo ich gerade war. Ich lasse Ihnen die Adresse da. Wenn Sie wieder gesund sind, können Sie dort einige Tage verbringen und Sie werden Antworten auf Ihre Fragen erhalten.« Die »Grüne Dame« verabschiedet sich mit guten Wünschen für die Genesung.

Beate hat Glück. Die Krebserkrankung war im Anfangsstadium entdeckt worden und kann restlos entfernt werden. Nach der Entlassung aus dem Krankenhaus stürzt sie sich bald danach wieder in ihr früheres, turbulentes Leben. Sie ist nicht nur als Beraterin in der Möbelbranche tätig, darüber hinaus ist sie an den Wochenenden als Reiseleiterin unterwegs auf Europas Straßen. Nichts – aber auch gar nichts hat sich geändert. Hat sie Gottes Vorwarnungen ganz vergessen?

Doch im Herbst, als die Reisesaison zu Ende ist, findet sie zufällig in einer Jeanstasche den Zettel mit der Adresse vom »Haus der Begegnung«. Sogleich ruft sie dort an und erfährt: »Wir laden Sie ein zu unserem Seminar ›Liebe leben lernen‹!« – »Klingt gut!«, meint Beate. »Ich werde daran teilnehmen. Vielleicht bringe ich eine Freundin mit.«

Als die beiden dort ankommen, ist ihnen vieles fremd. Beate fragt sich: »Du liebe Zeit, wohin bin ich nur geraten? Was für seltsame Leute sind hier?

Ich gebe zu: Sie haben etwas, das mir fehlt und sprechen über Dinge, die mir unbekannt sind. Manchmal reden sie sogar über Gott und Jesus Christus und beten. Sie kommen mir vor, als seien sie von einem anderen Stern!«

Trotzdem bleiben beide dort und töpfern, malen auf Seide und tanzen mit den anderen israelische Tänze. Äußerlich ist Beate fröhlich bei der Sache, aber innerlich tief traurig. Wieder erwacht ihre frühere Ahnung: »Sollte mein Leben falsch gelaufen sein? Warum fühle ich mich so ausgebrannt und leer? Was schreit ständig in mir nach einer Liebe, die niemals enttäuscht? Ich bin immer noch auf der Suche nach dem Ziel meines Lebens!« Durch die Begegnung mit diesen aufrichtigen Christen ist ihr erneut ihr eigener Mangel bewusst geworden.

Die Seminarteilnehmer haben sich in der Aula zu einem Vortrag versammelt: Beate mit ihren vielen Fragen mitten unter ihnen. Da treffen sie einige Sätze des englischen Predigers, als seien sie nur für sie bestimmt: »Wenn hier eine Besucherin ist, die nicht ein noch aus weiß und bisher in die falsche Lebensrichtung gegangen ist, dieser Person möchte ich sagen: Aus eigener Kraft kannst du dein Leben nicht verändern! Aber wenn du Jesus Christus die Führung übergibst, dann kannst du es schaffen! Und falls du auf der Suche bist nach der wahren Liebe, dann höre: Gott ist die Liebe!«

»Wie ein Blitz die Nacht erhellt«, erzählt mir Beate, »so haben diese Worte mir Licht gebracht. In meinem Denken war plötzlich eine überraschende

Klarheit: Gott ist die Liebe! Er ist es, er allein, den ich mein Leben lang gesucht habe! Endlich bin ich an meinem Lebensziel angekommen! Alle Sackgassen, in die ich bisher geraten war, waren Irrwege. Sie hätten mich in die falsche Richtung gelockt. Aber jetzt erkannte ich: Endlich bin ich zu Hause bei meinem liebenden Vater! Schon lang hat er auf mich gewartet!

Was habe ich ihm Kummer gemacht! So viele Fehler und schlimme Verfehlungen in meinem Leben! Eine tiefe Traurigkeit stieg in mir auf: Niemals kann der heilige Gott mich annehmen, die ich so viel gesündigt habe! Bleibt deshalb die Tür ins Vaterhaus für mich verschlossen?

Da meinte ich, eine bisher unbekannte, leise Stimme in mir zu hören: ›Beate, du darfst so zu mir kommen, wie du bist! Schon immer habe ich dich geliebt, auch als du mir untreu warst! Ja, du bist jetzt am Ziel angekommen. Ich habe den Schlüssel dieser Tür, ich schließe dir auf; denn ich bin Jesus, der dich liebt!‹

Was in diesen wenigen Minuten in mir vorging, hatte ich niemals zuvor erlebt. Es war überwältigend. Eine ganz neue Dimension hatte sich mir eröffnet: Gott ist in Jesus an meine Seite getreten!

Tief bewegt bin ich in den Wald gelaufen. Ich wollte mit Gott ganz allein sein und mit ihm reden. Aber wie kann ich mit ihm ins Gespräch kommen? Ich kannte nur zwei Gebete – das Vaterunser und ›Gegrüßt seist du, Maria!‹. Zudem bekam ich mehr und mehr eine erschreckende Sicht: Der heilige Gott und ich – wir passen nicht zusammen! Ich hatte zu viel auf dem Kerbholz. Habe ich doch bisher gemeint: ›Was fast alle machen, das ist auch für mich okay! Da brauche ich kein schlechtes Gewissen zu haben.‹ Was für eine Täuschung!

In dieser besonderen Stunde ist mein ganzes Leben wie ein Film vor mir abgelaufen. Ein warmes Licht hat mir jede Szene beleuchtet. Plötzlich war mir klar, was – im Lichte Gottes besehen – sündig und was gottgefällig ist. Ach, so vieles musste ich damals bereuen, konnte es aber nicht in Worte fassen. Darum weinte ich und weinte und weinte. Dabei hatte ich den Eindruck: Diesem Gott der Liebe sind meine Tränen wertvoll. Er nimmt jede einzelne auf sein Herz.

Schließlich ging ich wieder ins Tagungshaus zurück, duschte und schminkte mich sorgfältig. Niemand sollte mein Aufgewühltsein erkennen. So kam ich äußerlich topfit in meine kleine Gesprächsgruppe, die sich zum Beten in der Kapelle traf. Betroffen hörte ich den Gruppenleiter sagen: ›Wenn jemand unter uns ist, dem das Herz weint – Jesus sieht es und will helfen!‹ Gleichzeitig legte er ein Päckchen Tempotaschentücher auf den Altar.

Jemand begann zu beten und drückte solches Gottvertrauen aus, dass ich ganz bewegt war. Auch ich wollte ein Gebet sprechen; aber in meiner Wortlosigkeit fing ich wieder an zu weinen. Einerseits war ich immer noch traurig über mein Versagen, andererseits staunte ich über Gottes Liebe, die mich trotzdem annimmt.

Einige legten mir tröstend die Hände auf die

Schultern und brachten ihm meine Not stellvertretend dar. Erstaunt hörte ich, wie mein Name vor dem Höchsten ausgesprochen wurde! Das war mir neu. In Gedanken sah ich mich vor den Stufen des Thrones knien. Unter Tränen übergab ich ihm ein Schuldpaket nach dem anderen. Dabei spürte ich in mir einen brennenden Schmerz, als würde mein altes, sündiges Leben ausgebrannt. Gott war mir ganz nah. Ich wusste: Er hat mich gereinigt und angenommen als seine geliebte Tochter. Endlich bin ich daheim! Alles Suchen hat nun ein Ende. Ich bin am Ziel angekommen.

Eine nie gekannte Ruhe erfüllte mich. Wohltuende Stille! Warmer Segen umhüllte meinen Leib, meine Seele und meinen Geist.

Da brach ein Dankgebet aus mir hervor. Zum ersten Mal habe ich mit Gott geredet wie ein Kind mit seinem Vater. Es war wie bei einer Geburt: Wellen der Freude hatten allen Schmerz hinweggeschwemmt. Danach umarmte ich glücklich jeden in dieser Kapelle und fühlte mich in Liebe mit ihnen verbunden.«

Als Beate wieder in den Tagungsraum zurückkehrt, schaut ihre Freundin sie entsetzt an: »Wie siehst du denn aus? Was haben die bloß mit dir gemacht?« Durch Tränenspuren, Wimperntusche und Schminke ist Beates Gesicht ganz verschmiert. Doch ihre Augen leuchten: »Ich habe Gott erlebt!« – »Mit so viel Gefühlsaufwand?«, fragt die Freundin skeptisch. »Weißt du, in meinem Fall ist das nötig! Ich musste viel bereuen!«, antwortet Beate.

Am letzten Tag des Seminars findet eine Abschlussveranstaltung statt. »Wer möchte, kann sich für die nächste Wegstrecke segnen lassen!«, schlägt der Pastor vor. Auch Beate geht nach vorne, um einen besonderen Segen für ihren neuen Lebensabschnitt zu erhalten. Bisher ging sie ohne Gott in die Dunkelheit, aber jetzt mit Gottes Segen ins Licht.

Zu Hause angekommen, erzählt sie fröhlich ihrem Mann und ihrem Sohn, was sie mit Gott erlebt hat. »O Schreck!«, meint der 17-jährige. »Jetzt habe ich eine fromme Mutter!« – »Lass sie nur!«, beruhigt ihn sein Vater, »bei Gott ist sie besser aufgehoben als in den überspannten Selbsterfahrungsgruppen!«

II.

Das Erste, was Gott Beate auf der neuen Lebensstrecke klarmacht, ist, dass er den alten Groll gegen ihre Mutter missbilligt. Die Beziehung zwischen beiden war von der Teenagerzeit an recht gespannt. Als Erwachsene wollte Beate ihrer Mutter über viele Jahre hinweg negative Erlebnisse in der Kindheit und manche Verletzungen nicht vergeben. Sie war in dieser Beziehung bisher nicht erwachsen geworden und in einem rebellischen Teenagergefühl stecken geblieben. So hatten sich auf beiden Seiten Bitterkeit und Enttäuschung breit gemacht.

Aber jetzt weiß Beate sonnenklar: »Gott hat mich bedingungslos angenommen und mir alles vergeben, also ist es für mich undenkbar, meiner Mutter nicht zu verzeihen. Nichts mehr, aber auch gar nichts mehr will ich ihr nachtragen! Unsere Versöhnung darf nicht auf die lange Bank geschoben werden.«

Darum fährt Beate schon am Tag nach ihrer Rückkehr 400 km weit in die frühere Heimat, um ihre Mutter zu besuchen. Während der Fahrt denkt sie über ihre alten, negativen Gefühle nach. Jetzt erkennt sie auch ihre eigenen Fehler und schämt sich für ihre Kälte. Wie hatte sie sich innerlich über ihre Mutter geärgert und sie in Gedanken ständig kritisiert! Doch je mehr sie sich dem Heimatort nähert, desto wärmer wird es ihr ums Herz. Gottes Geist arbeitet an ihr.

Endlich steht sie nervös, aber erwartungsvoll vor der Haustür und klingelt. Mutter öffnet. Da schließt Beate sie in dankbarer Liebe in ihre Arme. Eisberge, die zwischen ihnen waren, schmelzen dahin. Es ist nicht mehr nötig, die alten, schmerzlichen Erlebnisse hervorzukramen. Die Mutter kann jetzt sogar ihrer reif gewordenen Tochter ein aktuelles Problem mitteilen und wird von ihr in aufrichtiger Zuneigung verstanden und getröstet. Sie legt ihren Kopf auf die jüngere Schulter und Beate schlingt ihren Arm um sie. Mit tränenerstickter Stimme sagt sie: »Kind, wie wohltuend ist es, endlich von dir verstanden zu werden!« Beate streicht sanft über ihr Haar und segnet sie im Stillen. Ein Wunder, das niemand für möglich gehalten hätte: die beiden Frauen sind Freundinnen geworden!

Wie ist das zu erklären? Durch Gottes Einfluss kann Beate nun die Lebenssituation ihrer Mutter viel besser verstehen: Wieviel Schweres hatte Mutti in ihrem Leben durchmachen müssen! Seit 30 Jahren muss sie Tag und Nacht ihren kranken Mann pflegen! Er hat eine unheilbare Blutkrankheit, die erschreckende Blutstürze auslöst. Was für Aufregungen haben sie ihr jedes Mal bereitet!

Dann musste sie als Geschäftsfrau volle Verantwortung übernehmen und die schwierigen Finanzen regeln. Oft war sie über die Grenzen ihrer menschlichen Kraft hinaus gefordert. Wie viele innere Kämpfe, wie viele schlaflose Nächte mag sie durchgestanden haben? Wie viele Opfer mag sie ohne viel Aufhebens und in wortloser Selbstverständlichkeit gebracht haben!

»Erst jetzt erkenne ich, wie tapfer meine Mutti alles gemeistert hat«, denkt Beate beschämt. »Niemand kann erwarten, dass ihr dabei keine Fehler unterlaufen! Auch Mütter können nicht perfekt sein!«

Am nächsten Tag, einem unvergesslichen Sonntag, gehen Mutter und Tochter so wie früher zusammen in die alte Dorfkirche.

»Es war ein eindrückliches Erlebnis, nach so vielen Jahren mit Mutti wieder gemeinsam einen Gottesdienst zu feiern!«, sagt Beate.

Darüber freut sich auch der schwer kranke Vater. Als seine Frau kurz außer Haus ist, bekommt er einen schlimmen Erstickungsanfall mit Blutsturz. In Strömen fließt Blut aus Nase und

Mund. Beate ist entsetzt und völlig hilflos. Voller Angst schreit sie laut: »Herr Jesus, gib ihm Luft! Bring das Blut zum Stillstand!« Ein Wunder geschieht: Gott greift sofort ein.

Das beeindruckt den Vater so sehr, dass er äußert: »Ich brauche viele solcher Gebete!« Daraufhin ruft Beate einen Pastor in Neunkirchen an, der nun regelmäßig den Vater besucht, mit ihm in der Bibel liest und mit ihm betet. In seinem Beisein legen der schwer kranke Vater und die bekümmerte Mutter kurz vor dessen Tod gemeinsam ihr Leben in Gottes Hand.

Beate ist unendlich dankbar für das neue Leben, das Gott nicht nur ihr, sondern auch ihren Eltern geschenkt hat. Sie hat in Gottes Schule wieder etwas Neues gelernt, nämlich: »Wenn ich Gott gehorche, dann segnet er die ganze Familie! Auf diesem Weg will ich weitergehen. Niemals mehr zurück!«

III.

In der nächsten Zeit hört Beate jeden Morgen im Westdeutschen Rundfunk die Morgenandacht, nimmt sie auf Tonband auf und schreibt sie in ihr Andachtsbuch. Wenn auch öfter eine magere Kost, ist sie ihr doch die einzige geistliche Nahrung, so dass ihr Glaube und ihre Gespräche mit Gott lebendig bleiben.

Seltsamerweise kommt sie nicht auf die Idee, sich eine Bibel zu kaufen. Doch daran denkt eine Frau, die im »Haus der Begegnung« Beates Umkehr miterlebt hatte. Obwohl sie behindert ist und als Sozialhilfeempfängerin nur wenig sparen kann, hat sie doch das Opfer nicht gescheut, Beate ein Päckchen zu senden. Nun packt Beate es voller Spannung aus. Und was kommt zum Vorschein? Zuerst ein liebevoller Brief. Dann ein Taschenbuch mit dem Titel »Die ersten hundert Tage mit der Bibel« und zuletzt – Beate stockt der Atem – eine grüne Lutherbibel! Voll Ehrfurcht nimmt sie sie in beide Hände: »Mein Vater, ich danke dir, dass ich dieses heilige Buch lesen darf!« In ihrem ganzen Leben hatte sie noch nie eine Bibel in Händen gehabt.

Von da an liest sie wie eine Verhungernde in jeder freien Minute in der Bibel. Wie man eben ein Buch liest, so fängt auch sie damit ganz vorne an. Bei den Sätzen, die ihr viel bedeuten, macht sie an den Rand ein Ausrufezeichen oder unterstreicht einzelne Stellen mit Farbstift. Ist ihr etwas unklar, kommt daneben ein großes Fragezeichen. Geht ihr ein Zusammenhang auf, dann schreibt sie diesen Gedanken an den Rand der Seite. So wird ihre Bibel ein buntes Arbeitsbuch mit vielen persönlichen Anmerkungen. Als sie bei den Kapiteln der Propheten ankommt, mehren sich die Fragezeichen. »Wer könnte mir nur die Bibel erklären?«, überlegt sie.

Zufällig liest sie in den Ortsnachrichten: »Einladung zur Bibelstunde in der Evangelisch-Freikirchlichen Gemeinde« mit Angabe der Straße und der Telefonnummer. Sofort ruft sie an. Da meldet sich eine Frauenstimme: »Hier bei Weiß!«

– »Beim Tierarzt Dr. Weiß?«, fragt Beate. Die Antwort lautet: »Ja!« – »Dann habe ich mich verwählt! Entschuldigung!« – »Wen wollten Sie denn sprechen?« – »Jemanden von der Evangelisch-Freikirchlichen Gemeinde wegen der Bibelstunde, die im Kurier angezeigt ist!« – »Dann sind Sie bei uns richtig! Der Tierarzt Dr. Weiß ist nämlich der Gemeindeleiter! Ich verbinde Sie mit ihm!« –

Dr. Weiß erklärt nun Beate Näheres über die Bibelstunde und meint abschließend: »Wenn Sie nicht wissen, wo unser Gemeindehaus liegt, holen wir Sie gern ab und bringen Sie auch wieder nach Hause!«

So besucht sie mit ihrer Bibel und mit hohen Erwartungen die erste Bibelstunde ihres Lebens. Sie wird von allen Anwesenden herzlich aufgenommen und fühlt sich in dieser Familienatmosphäre gleich wohl. Der Pastor erklärt anhand eines neutestamentlichen Textes die Bedeutung Jesu Christi. »Genau das, was mir bisher unklar war!«, denkt Beate und hört aufmerksam zu.

Von Kindheit an weiß sie, dass Gottes Sohn qualvoll am Kreuz gestorben ist. »Aber warum so grausam? Ging es nicht anders?«, fragt sie den Pastor. Er erklärt: »Das hat seinen guten Grund: Die beiden großen Eigenschaften Gottes sind Liebe und Gerechtigkeit. Einerseits liebt Gott leidenschaftlich alle Menschen. Er wünscht sich ihre Gesellschaft und ewige Gemeinschaft mit ihnen. Aber so schuldbeladen wie sie sind, passen sie nicht in seine heilige Nähe, denn er ist auch gerecht. Er kann keine einzige Sünde übersehen.

Er fordert volle Bestrafung für jede Bosheit, die in Gedanken, Worten oder Taten geschehen ist. Die Strafe für die Sünde ist der Tod – der ewige Tod. Gibt es noch eine Rettung für die sündigen Menschen? Ja! Ein Stellvertreter ist erschienen: Gottes Sohn und zugleich ein Mensch, jedoch sündlos und voll aufopfernder Liebe. Er ist stellvertretend für uns am Kreuz gestorben, damit wir ewiges Leben haben. Im 1. Petrusbrief, Kapitel 2 steht, dass er unsere Sünden auf sich genommen und sie selbst zum Kreuz hinaufgetragen hat. Mit seinem Blut hat er unsere Schuld bei Gott bezahlt.«

»Gilt das für alle Menschen?«, fragt Beate. »Für jeden, der es annimmt! Gott zwingt niemanden dazu«, antwortet der Pastor. »Und was haben wir davon außer der wunderbaren Schuldvergebung?«, bohrt sie weiter. »Unendlich viel: z. B. Freude, die aus der Beziehung zu Gott und zu Jesus Christus kommt, und einen Sinn im Leben; der Heilige Geist wohnt in uns; wir haben im Gebet Zugang zum Allerhöchsten; wir sind Gottes Kinder und seine Erben! Unvorstellbar!«

Von da an geht Beate jeden Dienstagabend in die Bibelstunde. Zur Verwunderung ihrer Familie besucht sie auch noch am Sonntagmorgen den Gottesdienst. »Mal sehen, wie lange das anhält!« denkt ihr Mann, »seit ich meine Frau kenne, ist sie am Sonntagmorgen eine Schlafmütze und nicht aus den Federn zu kriegen!« Erstaunt muss er jetzt feststellen, dass sie nun regelmäßig sonntags früh aufsteht, ihren beiden Lieben das Frühstück richtet und sich von ihnen verabschiedet. Ihr Mann begleitet sie im Schlafanzug bis an die Haustür und sagt: »Bete für mich, Schatz!« – »Da kannst du sicher sein, mein Lieber!«, verspricht sie ihm und geht zur Kirche. Während er sich noch einmal ins Bett legt, denkt er: »Der Gottesdienst muss ja wohl sehr interessant sein, dass sie ein solches Opfer bringt! Dieses neue Leben sollte ich vielleicht näher kennen lernen!«

Vier Jahre später hat Gott Beates Gebete erhört. Nun besucht das Ehepaar gemeinsam den Gottesdienst und einen anregenden Hauskreis, an dem auch die Freundin, die damals mit im »Haus der Begegnung« war, und ihr Mann teilnehmen.

Beate geht weiterhin konsequent den eingeschlagenen Weg.

IV.

Eines Tages erhält Beate Besuch von einer Kollegin. »Würdest du mir eine bevorstehende Gerichtssache auspendeln? Ich möchte wissen, wie sie ausgeht«, bittet die Besucherin. In den meisten Fällen hatte Beate früher zu ihrer eigenen Überraschung die richtige Antwort geben können. Aber jetzt empfindet sie ein deutliches Widerstreben, ihr Pendel hervorzuholen. Doch der Kollegin zuliebe will sie es noch einmal benutzen. »Stop!«, sagt ihr eine innere Stimme. »Bete!« Sie wendet sich der Besucherin zu: »Beten ist besser als pendeln! Deshalb werde ich jetzt ein Gebet sprechen: Himmlischer Vater, du bist der Richter über alle Richter! Bewirke du bitte, dass in der kommenden

Verhandlung ein gerechtes Urteil gefällt wird. Wir nehmen es aus deiner Hand. Amen.«

Da fällt Beates Blick auf das Pendel, das immer noch unbenutzt vor ihr auf dem Tisch liegt. Plötzlich überfallen sie Übelkeit und nie gekannte Ängste. »Vater, was bedeutet das?«, schreit sie innerlich zu Gott. Nach grauenvollen Nächten und Tagen – sie hatte den Eindruck, dass eine böse Macht im Raum sei – spricht sie mit einem Gemeindeältesten über ihre früheren okkulten Praktiken. Von ihm hört sie zum ersten Mal, dass Gott dies ohne Ausnahme verbietet. Erschrocken erfährt sie, was im 5. Mosebuch, Kapitel 18,Vers 12 steht: »Wer so etwas tut, ist dem Herrn zuwider!« Da tut es ihr sehr Leid, dass sie jahrelang Dinge getan hatte, die Gott ein Gräuel sind. So betet sie im Beisein dieses Seelsorgers: »Im Namen Jesu sage ich mich von Satan und allen seinen Werken los. Ich gehöre allein dir, Herr Jesus Christus! Dein Blut, das du auch für mich vergossen hast, schützt mich vor den Angriffen des Bösen. Jesus ist Sieger!«

Wieder zu Hause, geht sie betend durch die Wohnung und entfernt alles, was nur im Geringsten mit Okkultismus zu tun hat: sämtliche Schriften über Horoskope, Astrologie, Mondkalender, Pendeln und alle Esoterikbücher, ebenso die Gegenstände aus fernöstlichen Religionen wie z. B. die Göttin Kali, einen Buddha, tibetanische Gebetsbilder, auch ihre Glücksbringer sowie ihren goldenen Talisman und vor allem das viel benutzte Pendel. Laut ruft sie aus: »Jesus ist Sieger über alle dunklen Mächte! Ich verlasse mich einzig und allein auf Jesus Christus.«

Nun ist sie froh und befreit. Schon wieder hat sie Entscheidendes in Gottes Schule gelernt: Jesus Christus hat sie aus den Ängsten und aus den Bindungen des Okkultismus völlig gelöst. Seither erkennt sie mit erfahrenem Blick, wenn Menschen irgendwie noch darin gebunden sind, und kann ihnen jetzt helfen, frei zu werden.

V.

Beate ist ihrem Erlöser unendlich dankbar und möchte gerne aus Liebe und Dankbarkeit ihn in irgendeiner Form erfreuen. So betet sie: »Was darf ich für dich tun, lieber Herr?« Sie muss nicht lange auf die Antwort warten. Einige Tage später bringt sie Schriften in das nahe gelegene Altenheim. Zu ihrer Überraschung stellt sie dabei fest, dass dort sechs Senioren wohnen, die zu ihrer Gemeinde gehören. Ach, wie eintönig ist deren Leben in diesem Heim! Die meisten erhalten von ihren Familienangehörigen nur selten Besuch.

»Darf ich Ihnen alle zwei Wochen einen schönen Nachmittag gestalten?«, fragt sie die alten Damen. Sie freuen sich über Beates Liebenswürdigkeit und stimmen gerne zu.

Nun setzt sie ihre reiche Kreativität ein, um im Leben der Senioren festliche Höhepunkte zu schaffen: Sie bringt Überraschungen mit, trinkt mit ihnen Kaffee, singt und spielt mit ihnen, liest aus ihrer Bibel und anderen Büchern vor und lässt sich aus deren Leben erzählen. Dann schmückt sie den Tisch ganz festlich und packt besondere Leckerbissen zum Abendessen aus. Es ist fast so, als hätten alle Geburtstag. Dabei entwickelt sie eine besondere Liebe zu diesen alten Menschen, liest aus ihren Gesichtern, wie das Leben sie geprägt hat, und lernt von ihnen, wie wertvoll die Weisheit des Alters ist. Ein gegenseitiges Geben und Nehmen, das alle bereichert!

Beim Abschied bedauern immer die lieben alten Damen: »Wie schade, dass dieser schöne Nachmittag schon zu Ende ist! Nun freuen wir uns auf das nächste Fest in zwei Wochen!« Ihre Augen leuchten, und ihre Wangen sind ein wenig gerötet. Spannung und Freude liegt auf ihren Gesichtern. Die frühere Teilnahmslosigkeit ist längst gewichen. »Ich meine, Sie haben sich alle etwas verjüngt, seit wir unsere Feste miteinander feiern!«, stellt Beate voller Dankbarkeit fest. Wie freuen sie sich über das Kompliment!

VI.

Plötzlich und völlig unerwartet verändert Gott wieder einmal Beates Leben. Es trifft alle wie ein Blitz aus heiterem Himmel: Eines Tages fällt sie um und erleidet einen Krampfanfall. Die Ärzte diagnostizieren Epilepsie; das ist eine organische, chronische Erkrankung des Gehirns und keine Geisteskrankheit, wie man früher meinte. Sie kann mit Medikamenten unter Kontrolle gehalten werden, so dass die Patienten ein normales Leben führen können; jedoch müssen sie negativen Stress unbedingt vermeiden. Die Veranlagung war unerkannt wohl schon längst vorhanden, aber durch Überlastung und Immunschwäche kommen solche Krankheiten plötzlich zum Ausbruch.

Der Arzt warnt nun Beate: »Wer nach dem Abklingen einer so schweren, akuten Krankheit genauso weiterlebt wie zuvor, der ist ein Narr! Er bildet sich nämlich ein, er sei gesund, hat aber die Krankheit immer noch latent in sich. Sie kann bei der geringsten Überbeanspruchung wieder ausbrechen!« – »Ich werde keine Närrin sein!«, nimmt sich Beate vor. »Das erwarte ich auch von Ihnen, Frau Bodo«, ermutigt er sie, »denn Sie sind clever genug, um Ihre Kräfte vernünftig einzuteilen und eine gesunde Lebensweise zu führen!«

Deshalb muss sie mit 47 Jahren schon in Frührente gehen, die Seniorenarbeit in andere Hände legen, sich auch in ihrem Haushalt helfen lassen. Gott hat jetzt die Grenzen ihrer Lebenskraft recht eng gesetzt.

Ich frage sie: »Beate, wie erlebst du diesen Einschnitt? Fühlst du dich jetzt von Gott verlassen?« – »Nein! Nie!«, antwortet sie entschieden. »Weißt du, ich habe oft genug erfahren, wie sehr Gott mich liebt. Unzählige Male hat er mir geholfen und mich in Gefahren bewahrt. Wie könnte er mich gerade jetzt im Stich lassen? Auch diese Krankheit hat einen Sinn. Ich vertraue ihm. Er macht keinen Fehler!«

»Das konnte ich damals, als mein Mann starb

und ich mit den sechs Kindern allein dastand, nicht so schnell erkennen«, gebe ich zu, »denn ich hatte tiefe Verlassenheitsgefühle. Weil er mich verlassen hatte, meinte ich, von Gott und aller Welt verlassen zu sein. Auch dachte ich, mein Leid sei eine Strafe Gottes. Er hätte mich aus dem Bereich seiner Güte verstoßen.« »Niemals!«, fällt mir Beate ins Wort. »Er will doch immer das Beste für seine Kinder!

Weißt du, liebe Hobbygärtnerin, ich muss da an deine Geranien denken: Vor dem ersten Frost holst du sie herein, um sie vor dem Kältetod zu schützen. Und was geschieht dann?«

Ich erkläre ihr: »Nun, ich stelle sie in den Keller und gieße sie wochenlang nicht. Zuerst vergilben sie, dann werden sie unansehnlich und dürr. Wer sich nicht auskennt, meint, sie seien verwelkt. Doch ich weiß, dass sie noch leben. Ich prüfe, wie trocken die Erde ist und gebe ihnen ein klein wenig Wasser, aber keinen Dünger. Im Frühjahr kommt wieder Leben in sie hinein. Blasse Triebe schießen empor. Ich schneide sie alle ab und mache daraus viele Stecklinge. Die alten Stöcke werden in frische Erde gepflanzt und ins helle Treppenhaus gestellt, gegossen und gedüngt. Herrlich, wie sie treiben und Knospen bilden! Nach den Nachtfrösten kommen sie auf die Terrasse und erfreuen uns den Sommer und Herbst hindurch mit ihren leuchtend roten Blüten.«

Beate nickt mir zu: »Genauso macht es der himmlische Gärtner hie und da mit seinen Kindern! Er stellt uns ins Dunkle, als hätte er uns vergessen. Aber in Wirklichkeit hat er immer ein Auge auf uns. Wenn es nötig ist, schneidet er unsere hochschießenden Triebe ab. Dann gießt und düngt er wieder reichlich und stellt uns in die Sonne seiner Wohltaten. Er wird auch mich wieder aus dem Keller herausholen, denn es ist ihm eine Freude, uns Gutes zu tun!

Doch in dunklen Krankheitszeiten erlebe ich immer wieder dieses Welk- und Kraftlossein. Aber selbst wenn ich krank bin, habe ich für Gott einen einzigartigen Wert. Seine Liebe hängt nicht von meiner Lebenskraft oder gar von meiner frommen Leistung ab. Vielmehr liebt er ganz besonders die Schwachen und macht sie innerlich stark.

Oft denke ich darüber nach, wenn Gott mir heute einen gesunden Körper anbieten würde im Tausch gegen das, was ich in Krankheitszeiten gelernt habe, ich würde es ablehnen. Ohne die Prüfungen hätte ich vielleicht niemals zu Jesus Christus gefunden. Ja, es war gut für mich, dass ich zeitweise in meinem Leben leiden musste, um das Beste zu finden: Frieden mit Gott.«

VII.

Wenn Beates Kräfte auch durch die Krankheit reduziert sind, so reichen sie doch für kleine Dienste aus, die nicht anstrengend sind. An einem Markttag teilt sie strahlend Einladungen für eine bestimmte Gemeindeveranstaltung aus. Es ist ihre Stärke, auf fremde Menschen zuzugehen und ein

Gespräch mit ihnen zu beginnen. Dabei fällt ihr ein junger, dunkelhäutiger Mann besonders auf, der interessiert den Liedern der kleinen Singgruppe lauscht. Beate grüßt ihn freundlich und fragt: »Woher kommen Sie?« – »Aus Brasilien! Ich heiße Daniel und bin Christ!« So stellt er sich vor und nimmt ihre Einladung gerne an.

Am nächsten Tag ist Beate sehr gespannt, ob er kommen wird. Tatsächlich! Pünktlich erscheint er am Treffpunkt an der Seite einer hübschen Brasilianerin im apfelgrünen Seidenkleid. Er selbst trägt einen tadellosen Anzug mit Krawatte – nicht mehr wiederzuerkennen! Auf Beates Kompliment antwortet er: »Meine Frau Aldaïr und ich sind in Gottes Haus eingeladen. Wir haben jetzt Audienz beim höchsten König. Deshalb kommen wir nicht in Arbeitskleidung. Selbst bei einem irdischen König würden wir unsere beste Kleidung tragen.«

Die Gottesdienstbesucher sind überrascht und auch ein wenig verlegen, neben Beate ein so schickes, dunkelhäutiges Paar zu sehen. Wie soll man mit den beiden reden? Wie mit ihnen umgehen? So bleibt es zunächst beim Abstand mit freundlichem Grüßen. Doch die Griechinnen Vasilia und Sula mit ihren Töchtern Despina und Maria, die regelmäßig in den Gottesdienst kommen, gesellen sich erfreut zu den neuen Besuchern. Wie schön, nun sind sie nicht mehr die einzigen Ausländer in dieser Gemeinde!

»Bald wird uns klar«, berichtet mir Beate, »das ist nur der Anfang von Gottes besonderem Konzept für unsere Stadtgemeinde: Er hat in Deutschland nicht nur weiße Kinder, sondern dazwischen auch schwarze, braune und gelbe aus verschiedenen Kulturen und Ländern. Er will, dass sie zusammenfinden und ihn gemeinsam loben. Weil so wenig deutsche Missionare und Helfer ins Ausland gehen, schickt er Ausländer zu uns, damit sie unseren christlichen Glauben näher kennen lernen und Gemeinschaft mit uns haben.«

Hier unterbreche ich Beates Bericht: »Es ist heute für eine Kirchengemeinde nicht einfach, sich für Ausländer zu öffnen und ihnen freundschaftlich zu begegnen. Da gibt es auf beiden Seiten Berührungsängste. Wir korrekten Deutschen erwarten von den Fremden, dass sie sich genau so benehmen wie wir, z. B. ebenso pünktlich sind und verlässlich die Termine einhalten. Aber sie bringen von zu Hause eine ganz andere Lebensweise mit. Dadurch werden die Beziehungen zu ihnen manchmal schwierig. Die Andersartigkeit macht ihnen und uns zu schaffen.«

»Doch das darf keine Ausrede sein, Hannelore«, meint Beate, »denn es gilt nach wie vor das alte Wort aus dem 3. Mosebuch, Kapitel 19, Vers 34: ›Ein Ausländer (wörtlich: ein Fremdling) soll unter euch wohnen wie ein Einheimischer, und du sollst ihn lieben wie dich selbst!‹ Liebe überbrückt alle Unterschiede! Jesus wird einmal urteilen: ›Ich war fremd in eurer Stadt! Und ihr habt mich angenommen!‹

Manche Asylanten wurden in ihrer Heimat um ihres Glaubens willen verfolgt und kommen mit großen Erwartungen in unser christliches Land. Und was erleben sie bei uns Christen? Wenig Nächstenliebe, fast leere Kirchen, Gleichgültigkeit und Herzenskälte!

Wie dankbar bin ich, dass es in unserer Gemeinde anders ist!

Durch Gottes Geist ist uns klar geworden, dass Ausländer nicht nur Zuhörer in unseren Gottesdiensten sein wollen, sondern sich auch freundschaftliche Verbindungen wünschen. Deshalb lud ich sie alle 14 Tage in mein Wohnzimmer ein: unsere Griechinnen, auch Audenora und natürlich Daniel und Aldaïr. Was können wir – aus drei verschiedenen Nationen – trotz Sprachproblemen miteinander tun? Singen! Mit deutschen, christlichen Liedern haben meine ausländischen Gäste im Rhythmus der Gitarre ihr Deutsch verbessert. Alle waren begeistert. Aus Anhänglichkeit haben sie dann mit mir unsere Gemeindeveranstaltungen besucht. Hie und da singen wir jetzt auch zur Ehre Gottes und zur Freude der Gemeindeglieder in unseren Gottesdiensten.

Mit der Zeit wurde aus unserem Singkreis ein ›internationaler Hauskreis‹. Er hat sich inzwischen so vergrößert, dass wir uns meistens im Gemeindehaus treffen. Unsere Besucher stammen aus verschiedenen Ländern wie Griechenland, Vietnam, Brasilien, Türkei, Zaïre, Ägypten und aus dem Iran.

Im Gemeindehaus führen wir mit ihnen ein vielseitiges Programm durch: Bibelgespräche und Bibelarbeiten abwechselnd mit Festen, Ausflügen und Gästenachmittagen. Meine Freundinnen Christel, Ruth, Ilse und Esther stehen mir mit Geschick und guten Ideen zur Seite; denn allein könnte ich mit meiner reduzierten Gesundheit ein solches Programm niemals bewältigen. Wir Verantwortlichen sehen in unserem gemeinsamen Dienst einen geistlichen Auftrag. Dafür gibt Gott uns Kraft, Ideen und Gaben. Wir treffen uns wöchentlich, besprechen das Programm und umbeten jeden Einzelnen unserer Gruppe. Und – du kannst es glauben – wir erleben Wunder! Es ist zum Staunen!

Inzwischen ist unser ›internationaler Kreis‹ zu einer Großfamilie zusammengewachsen. Wir besuchen uns gegenseitig auch zwischen den Treffen. Lasten werden von allen mitgetragen; Nöte werden gemeinsam angegangen; bei Krankheiten ist einer für den anderen da.

Wenn es jemandem von uns gesundheitlich schlecht geht, genügt schon ein einziger Anruf. Sogleich verwandelt sich unser Kreis in Krankenschwestern, Büglerinnen, Einkäuferinnen, Köchinnen und Bäckerinnen. Unsere Jüngste, die reizende Despina, schreibt und illustriert die schönsten, aufmunternden Genesungsbriefe. In solchen Notsituationen wird die Liebe untereinander ganz praktisch! Auch wenn ich selbst unter meiner Krankheit leide und keine Kraft habe, werde ich so liebevoll betreut, wie es nicht besser sein kann«, berichtet mir Beate.

Ich kann da nur staunen über diese internationale Liebesgemeinschaft und rufe: »Das ist ja fast wie im Himmel!« – »Noch nicht ganz!«, lächelt Beate. »Wir sehen eben unsere Aufgabe darin, Ausländern Zeit und Liebe zu schenken und erhalten dabei Liebe und Wärme zurück.«

Wieder verwundere ich mich laut: »Ihr begleitet sie ein Stück in dem für sie fremden Land. Ihr helft ihnen, wenn sie Probleme haben. Ihr redet mit ihnen über den christlichen Glauben. Ihr betet für sie. Dadurch macht ihr die Erfahrung, dass ihr im Schenken auch die Beschenkten seid; dass ihr im Begleiten auch die Begleiteten seid; dass ihr im Trösten auch die Getrösteten seid. So wird euer Geben ein Empfangen da, wo ihr es am wenigsten erwartet habt!«

Im Stillen staune ich, was Gott aus Beate gemacht hat. Ihre natürliche Gabe, auf fremde Menschen zuzugehen, gebraucht er gerade dort, wo es anderen schwer fällt. Welche Frucht hat ihre konsequente Umkehr damals im »Haus der Begegnung« jetzt schon gebracht! Frucht, die bleibt! Und diese Frucht wird sich in Zukunft noch vermehren. Durch das Krankheitsleid, das Gott zur Zeit Beate zumutet, wird sie weiter ausreifen. Beate hat mit viel Tränen gesät. Sie wird mit Freuden ihre Garben zum himmlischen Erntefest bringen.

Anregungen für Gruppengespräche

Fragen nach Teil I:
Heimweh nach dem verlorenen Paradies –
was ist das? Wie ist es zu verstehen?

Fragen nach Teil II:
Heilung der Erinnerungen – wie verarbeiten wir schmerzliche Ereignisse der Kindheit? Können wir den Personen, die uns damals verletzt oder enttäuscht haben, verzeihen?

Fragen nach Teil III:
Die Bibel lesen und verstehen. Welche Probleme habe ich dabei? Welche Hilfen gibt es?

Fragen nach Teil IV:
Okkultismus, Übersinnliches, Aberglaube –
in welcher Form ist mir dies schon begegnet?

Fragen nach Teil V:
Soziales Engagement – welche Art kommt eventuell für mich in Frage?

Fragen nach Teil VI:
Schwere Krankheitszeiten verkraften –
welche Hilfen gibt es?
Was kann stärken und Kraft verleihen?

Fragen nach Teil VII:
Ausländer in Deutschland –
wie ist meine Einstellung?

Gebet:

Herr, du Schöpfer und Vater aller Menschen, in unserer Umgebung leben Menschen, die uns fremd sind. Manche sind von weit her gekommen, aus anderen Ländern und Erdteilen. Sie haben einen anderen Glauben als wir und andere Lebensgewohnheiten. Sie arbeiten bei uns und teilen unsere Erfolge und Misserfolge. Manchmal machen wir es einander schwer. Du aber willst, dass wir Ausländer annehmen. Gib uns dazu die Bereitschaft und das Verständnis für ihr Anderssein. Sie sollen durch uns erfahren, dass es auch in der Fremde für sie ein Stück Heimat gibt und dass du sie liebst. Segne sie und uns. Amen.

aus dem Beiheft zum EKG

Bildbetrachtung:

Den passenden Titel und die entsprechenden Bibelverse zur nachstehenden Zeichnung suchen lassen.

»Hände« von Johannes Risch
aus »Vergeben hilft leben«

Telefongespräch über ein Eheproblem

»Hallo, Marga! Ich bin's!«

»O, Hanne! Wie schön, dich wieder zu hören! Was gibt's Neues?« –

»Du, Marga, ich brauche deinen Rat: Auf dem Frauentag sind unabhängig voneinander zwei Frauen mit dem gleichen Problem auf mich zugekommen; ich konnte ihnen nicht befriedigend antworten. Die Erste sagte: ›Mein Mann ist nur auf dem Papier ein Christ. Er hat keine Beziehung zu Kirche, Gebet und Gottesdienst. Bis jetzt ist er zwar noch nicht ausgetreten, hat es aber vor. Er erklärte mir: Wenn mir die Sache nichts wert ist, will ich auch nichts dafür bezahlen!

Noch trauriger macht mich‹, sagte mir diese Frau, ›dass wir in unserer Ehe alles miteinander teilen, nur nicht das Innerste! Wenn es Probleme gibt, können wir nicht einmal zusammen beten. Mit den Frauen in unserem Gesprächskreis habe ich eine tiefere Gemeinschaft als mit meinem eigenen Mann. Das tut mir weh! Wie soll ich mich als glaubende Ehefrau verhalten?‹

Die andere Frau sagte etwa so: ›Mein Mann geht leider nicht mit mir den Glaubensweg. Er sieht es auch nicht gern, dass ich Zeit und Kraft und Geld in mein *christliches Hobby*, wie er es nennt, investiere. Gehe ich auf kirchliche Veranstaltungen oder in unseren Hauskreis, meckert er oder spöttelt sogar. Er ist kindisch eifersüchtig.

Wenn er zu Hause ist, muss ich auch da sein – am liebsten an seiner Seite vor der Glotze! Wir hatten deswegen schon viele Auseinandersetzungen, manchmal sogar bösen Streit. Besonders an den Sonn- und Feiertagen gehen unsere Interessen ganz auseinander. Ich muss da oft eine Entscheidung treffen. Was hat Vorrang: die Gemeinde oder die Ehe? Wie soll ich mich verhalten?‹

Jeder von ihnen habe ich etwa so geantwortet: ›Ich muss leider zugeben, dass ich auf diesem Gebiet keine Erfahrung habe. Aber ich habe eine Freundin, sie heißt Marga; ihr geht es ähnlich wie Ihnen. Ich werde sie fragen, was sich bei ihr bewährt hat und es Ihnen mitteilen! Bitte, geben Sie mir Ihre Adresse!‹

So, Marga, jetzt bist du dran! Was soll ich diesen beiden Frauen schreiben?« – »Na, du bist mir ja eine! Also gut – aus dem Stegreif:

Erstens hat sich bestens bewährt, sich dem Mann unterzuordnen.«

»O Marga, so etwas Überholtes kannst du doch nicht mehr modernen, jungen Frauen empfehlen!«

»Doch, Hanne, das ist klug und weise und führt am ehesten zu dem Ziel, den Ehemann für Jesus Christus zu gewinnen. Ich meine nicht Unterdrückung, sondern freiwillige, liebende Unterordnung. Sie ist liebevolle Hingabe und Höherachten des anderen.

Früher gab es bei uns wegen meiner Rechthaberei oft Machtkämpfe. Doch jetzt ist es anders. So fragte ich z. B. meinen Hans: ›Hast du etwas dagegen, wenn ich nächsten Sonntag mit Monika zu den Schwestern fahre?‹ – ›Ja! Du bleibst hier!‹, antwortete er kurz und bündig. Es kommt mir ja seltsam vor, dass ich als 50-jährige Frau wegen solcher Dinge meinen Mann um Erlaubnis fragen muss! Doch ich diskutiere jetzt nicht mehr über Recht und Unrecht. Das verschlimmert die Sache nur noch. Ich weiß natürlich, dass er im Grunde Angst hat, ich würde mein Herz an etwas ihm völlig Unverständliches und Fremdes hängen. Darum rede ich darüber mit Gott: ›Lieber Herr, wenn du meinst, dass ich diese Feier bei den Schwestern miterleben soll, dann stimme du meinen Hans um! Aber wenn ich ihm zeigen soll, dass er die Hauptperson in meinem Leben ist, bleibe ich gerne hier.‹ Und denk dir, Hanne: Gestern, bevor er zur Arbeit ging, sagte er etwas barsch : ›Von mir aus kannste zu den Schwestern fahren!‹

Das ist kein Trick und klappt auch nicht immer! Aber es tut ihm gut, wenn ich seine Meinung achte und auf ihn Rücksicht nehme. Dann respektiert er auch eher meine Überzeugung. Er nimmt es mir übel, wenn ich ihn übergehe und meinen Kopf durchsetze. Doch inzwischen ist eine gewisse Selbstwertschätzung in mir gereift. Deshalb verliere ich nichts, wenn ich mich in Würde und Freiheit meinem Mann unterordne. Diese Haltung entsteht durch Reifungsprozesse und sie ist deshalb für manche jungen Frauen schwer nachzuvollziehen.«

»Aber die Frau ist neben dem Mann gleichberechtigt und gleichwertig!«, wende ich noch einmal ein.

»Das stimmt! Gottes Ziel für uns ist eine gegenseitige Zuordnung – dass wir uns in Liebe und Achtung einander unterordnen. So kann ein partnerschaftlicher Ehestil entstehen.

Als Zweites kannst du den Frauen schreiben:

Immer und alles verzeihen!

Das gefällt meinem Hans natürlich gut, dass ich in steter Vergebungsbereitschaft lebe. Ich trage ihm grundsätzlich nichts nach. Damit er es aber nicht ausnutzt, sage ich ihm oft in angemessenem Ton, warum und wieso ich mich verletzt fühle. Dann ist er ganz erstaunt. So lernt er, wie eine, vor allem wie seine Frau fühlt. Auch bitte ich ihn, wenn nötig, um Verzeihung. Befriedigt gewährt er sie mir. Danach erleben wir beide ein besonderes Glücksgefühl. Es erhöht unsere Ehe.

Allerdings zeigt er wenig Verständnis, wenn ich auch anderen, wie Verwandten und Freunden, verzeihe. Dann stellt er sich auf meine Seite und sagt: ›Wie kannst du nur eine solche Gemeinheit übersehen?‹ Ich erkläre ihm dann: ›Weil Gott mir vergibt, darum vergebe ich auch ihnen!‹

Drittens schreibst du den Frauen:

Unbeirrt den Glaubensweg weitergehen!

Auch Widerstand oder Verständnislosigkeit der Ehemänner darf uns Frauen nicht davon abbringen, unserem Gott treu zu bleiben! Der Erzfeind will uns durch die Schwierigkeiten in der Familie zum Abfall verleiten. Vielleicht hätten wir es leichter, wenn wir kampflos aufgäben – aber wir würden unser ewiges Erbe verlieren. Doch wenn ich dieses herrliche Ziel fest im Auge behalte, kann ich

Erstens: treue Fürbitte für den Mann und die ganze Familie – Gott erhört unsere Gebete

Zweitens: die Frau soll sich dem Mann unterordnen; nun – ich nenne es lieber partnerschaftlich zuordnen – Gott segnet diese Haltung

Drittens: immer und alles verzeihen, so wie Gott auch uns vergibt

Viertens: trotz aller Widerstände standhaft und glaubenstreu bleiben. Es tröstet unseren himmlischen Vater, weil heute so viele von ihm weglaufen und verloren gehen, das ist für ihn ein großer Schmerz.«

»Das Letztere habe ich zwar nicht gesagt, aber es ist ganz in meinem Sinn. Doch ich möchte noch eine Bibelstelle erwähnen, die mich sehr getröstet hat: 1. Korintherbrief, Kapitel 7, die Verse 13 und 14. Da schreibt Paulus, dass der ungläubige Mann ›geheiligt‹ ist durch seine gläubige Frau. Auch ihre Kinder sind ›heilig‹, das heißt: Sie gehören zu Gott. So ist die an Jesus glaubende Ehefrau und Mutter für ihre Familie ein Strahl von Gottes Liebe. Gott wird seinen Segen nicht zurückhalten. Auf die Gebete dieser Frau hin handelt er sehr deutlich in ihrer Familie. Solchen Beterinnen, die einen so tief sitzenden Kummer haben, ist er besonders nah.«

»Vielen Dank für das Gespräch, liebe Marga! Es war sehr wichtig für mich!«

»Schon gut, Hanne! Ich denke, wir sehen uns bald wieder!«

»Ja! Auf Wiedersehen!«

Anregungen für ein Gruppengespräch

1. *Dieses Telefongespräch von zwei Frauen vorlesen lassen.*
2. *Die fünf Punkte wiederholen und sich einigen, über welchen Punkt zuerst gesprochen werden soll.*
3. *Bibelverse zu den Themen*
   Fürbitte: Epheser 1,16 und 17; 4. Mose 12,13
   Unterordnung der Frau: Kolosser 3,18 und 1. Petrus 3,1
   Vergeben und Versöhnen: Matthäus 6, 14 und 15; Epheser 4, 31 und 32
   Treue im Glauben trotz vieler Widerstände: Offenbarung 2,10
   Wege der Liebe: 1. Korinther 16,14
4. *Meinungsaustausch*
5. *Gebetsanliegen der Teilnehmer erfragen, notieren und daraus ein Fürbittegebet formulieren.*

Zitate:

Goldene Regel: Was du nicht willst, das man dir tu', das füge auch keinem andern zu! (Sprichwort)

Gott nimmt uns nicht (immer) die Last ab, sondern stärkt die Schultern.
(Franz Grillparzer)

Bildbetrachtung:

Herkunft: unbekannt

Vergeben schließt Handeln nicht aus

Beim Freundestreffen begegne ich wieder Katharina Kilimann. Ihre aufrechte Haltung, ihr schneeweißes Haar, in einen schönen Knoten gebunden, und ihr korrektes Hochdeutsch haben mich schon immer beeindruckt. Sie wirkt auf mich, als sei sie eine mütterliche Gutsherrin auf einem der großen Güter im Osten. Was ist das für ein Adel, den sie ausstrahlt? Ich frage sie, als wir beide allein sind, nach ihrer Herkunft.

»Ich stamme aus Masuren, der wunderschönen Seenplatte in Ostpreußen. Dort bin ich auf einem Gutshof groß geworden. Doch wir mussten alles verlassen. Bettelarm sind wir 1963 hier in Hessen angekommen«, erzählt sie mir. »Da hast du schon viel Schweres durchgemacht – und doch bist du eine Frau, die nicht daran zerbrochen ist!«, sage ich nachdenklich. »Du hast Recht«, pflichtet sie mir bei, »wir haben zuerst unter den Russen, später unter den Polen und auf schrecklichen Fluchtwegen Unsägliches erlitten.

Nach dem Krieg habe ich einen Mann aus dem Nachbarort geheiratet und gehofft, mein Leben würde jetzt leichter werden. Aber wir mussten in den ersten Ehejahren zwei kleine Söhne im Säuglingsalter beerdigen. Wie schmerzlich mir das war, kann ich dir gar nicht sagen, Hannelore. Es hat mir fast das Herz zerrissen.

Als ich wieder schwanger war, ging ich innerlich bewegt in den Gottesdienst und nahm das Heilige Abendmahl ein. Dabei flehte ich zu Gott: ›Lieber Vater im Himmel, bitte, bitte, lass mir dieses Kind! Ich will dir ewig dafür dankbar sein!‹ Er hat mein Gebet erhört. Mit unserer kleinen Tochter haben wir dann hier im Westen einen Neuanfang gewagt. Mein Mann erhielt einen Arbeitsplatz in einer Fabrik. Es war sehr mühsam, wieder eine Existenz aufzubauen. Ich hatte viel Heimweh. Zum Glück war er ein guter Handwerker und Alleskönner. So konnten wir uns mit Fleiß und Eigenleistung ein bescheidenes Haus bauen und uns vom Ertrag des Gartens ernähren.

Doch jahrelang wurden wir im Dorf wegen unserer hochdeutschen Aussprache abgelehnt. Die Leute meinten, wir seien hochmütig und eingebildet. Deswegen würden wir so fein sprechen. Dabei reden wir nicht anders, als unsere Mutter uns gelehrt hat. Ich habe es leider nicht geschafft, mir den hiesigen Dialekt anzugewöhnen. Um so mehr bemühte ich mich, in unserer neuen Heimat einen guten Leumund zu haben.

Als wir uns endlich heimisch fühlten, ist das Unglück über uns hereingebrochen. Ich stellte fest, dass mein Mann zunehmend der Spielsucht und dem Alkohol verfiel. Viele Jahre lang verspielte er monatlich etwa 1 000 DM – oft mein ganzes Haushaltsgeld! Wenn ich nicht durch Pflegedienste mitverdient hätte, wären wir verhungert.

Noch schlimmer war für uns, dass er Alkoholiker wurde. Früher hatte er hie und da auch gern getrunken; aber wir waren zu arm, um Geld für alkoholische Getränke ausgeben zu können. Doch dann wurde es anders: Je mehr er verdiente, desto öfter kam er am späten Abend betrunken nach Hause. Dann war er widerlich und aggressiv. Er übertrug seinen Selbsthass auf seine Familie. Wenn er mich oder unsere Tochter sah, bekam er meistens einen Jähzornsausbruch und brüllte: ›Ich bringe euch noch um, ihr Schweine!‹ Er benutzte die ordinärsten Ausdrücke, die mir völlig fremd waren. Dabei verfluchte er uns, presste mich an die Wand und schlug mich. Obwohl er ausgemergelt ist, hat er Kraft für drei Männer! Manchmal öffnete er die Schublade und griff nach dem großen Messer. Äußerlich machte ich mich stark, aber innerlich zitterte ich vor Angst und betete.

Bis vor zwei Jahren fiel er dann noch voller Gier über mich her und vergewaltigte mich brutal. Es war so demütigend und pervers, dass ich vor Angst und Scham mit niemandem darüber reden konnte. Jetzt ist er – Gott sei Dank! – impotent geworden, lässt nur Schimpfkanonaden los und hat unkontrollierte Wutanfälle. Anschließend sitzt er stundenlang allein in der Küche und führt Selbstgespräche, in denen er sich selbst das Recht zuspricht, so gehandelt zu haben. Dabei stellt er ohrenbetäubende Musik im Radio an, die durch das ganze Haus gellt. Entnervend! Ich kann natürlich kaum schlafen. Am Morgen bin ich wie gerädert, habe schlimme Kopfschmerzen und ein wundes Herz.«

»Das ist ja die Hölle auf Erden!«, rufe ich entsetzt. »Wie konntest du es bei einem solchen Mann so lang aushalten?«

»Darüber habe ich mir viele Gedanken gemacht«, antwortet sie mir, »oft wollte ich mit meiner Tochter von ihm weggehen. Aber wohin? Wir sind hier fremd, und ich habe kein festes Einkommen. Zudem habe ich mit eigenen Händen und großen Opfern mitgeholfen, unser Haus zu bauen. Hätte ich die Kraft, noch einmal am Nullpunkt anzufangen?

Außerdem tat mir mein Mann Leid. Ich dachte: ›Wenn wir uns von ihm trennen, verkommt er ganz.‹ Öfter drohte er, uns beide umzubringen, wenn wir ihn verlassen würden. Ich vermute, er hätte es im Rausch wirklich getan. Ich befürchtete das Schlimmste.«

»Wenn er sterben würde, könntet ihr aufatmen!«, werfe ich ein. »Nein!«, widerspricht sie entschieden. »Ich wünsche nicht seinen Tod, sondern dass er umkehrt und in den Himmel kommt! Dafür bete ich.

Hannelore, das ist die Wahrheit: Du als Witwe hast es viel, viel leichter als ich verheiratete Frau.«

»Jawohl! Das stimmt!«, sage ich überzeugt. »Aber du hättest ihn anzeigen können! Sexualpraktiken, die für das Opfer besonders demütigend und erniedrigend sind, sexuelle Nötigung und Vergewaltigung sind strafbar! Der Trauschein ist kein Freibrief dafür. Jede Frau hat das Recht auf sexuelle Selbstbestimmung, das sie bei ihrer Heirat nicht aufgeben muss.« – »Dieses Gesetz ist neu«, erklärt sie mir, »davon abgesehen, ich hätte aus Angst vor seiner unberechenbaren Rache niemals den Mut gehabt, ihn anzuzeigen.«

»O Katharina!«, rufe ich. »Damals gab es auch schon Zuflucht in Frauenhäusern, es gab Frauennotrufe und kostenlose Beratung! Warum aus Scham, Angst und falscher Rücksichtnahme schweigen? Vielleicht hätte auch deinem Mann durch eine Anzeige geholfen werden können.

Was hat er denn in seinen Schimpfkanonaden an dir auszusetzen? Du bist doch eine tadellose Hausfrau!«, möchte ich wissen.

»Es ist eigenartig«, berichtet sie mir, »auf dem sexuellen Gebiet, wo er am meisten schuldig geworden ist, genau da unterstellt er mir das Schlimmste. Ich brauche nur an der Haustür mit irgendeinem Mann ein Gespräch zu haben, dann beschimpft er mich mit ›Hure!‹ Sogar wenn ein Ehepaar mich im Auto in den Gottesdienst mitnimmt, ist er krankhaft eifersüchtig. Ich darf mit keinem Mann, nicht einmal mit dem Prediger oder mit dem Hauskreisleiter reden, ohne dass er mich grundlos verdächtigt.

Vor Jahren fragte ich in meiner Not die Berater des Blauen Kreuzes, was ich tun solle. Sie sagten: ›Gott will nicht, dass Sie solche menschenunwürdigen Erniedrigungen klaglos erdulden und sich von Ihrem Mann wie einen räudigen Hund behandeln lassen. Dadurch bestätigen Sie die Trunksucht und halten ihn in seiner Abhängigkeit. Er denkt dann vielleicht: Meine Frau erträgt alles, beklagt sich nicht und versorgt mich noch gut – warum sollte ich mich ändern? Ich bin selbstverständlich kein Alkoholiker, sonst würde sie anders reagieren! Nur wenn Ihr Mann selbst unter seiner Sucht leidet, indem er merkt, dass er seine Ehe, seine Beziehung zur Tochter, sein Ansehen im Dorf, seinen Arbeitsplatz, seine Gesundheit, schließlich alles zerstört, stürzt seine Lebenslüge zusammen; vielleicht wacht er dann auf. Durch Ihre Märtyrerhaltung verhindern Sie dieses Aufwachen! Deshalb Trennung von Tisch und Bett! Das ist feste, konsequente Liebe! Nur so können Sie auf lange Sicht Ihrem Mann helfen; und das ist auch für Sie und Ihre Tochter das Beste!‹

Doch unser Pfarrer meinte kurzschlüssig, ohne sich näher mit meinem Problem zu befassen: ›Sie werden sich doch nicht scheiden lassen! Das will Gott nicht!‹ Auch meine Seelsorgerin, eine alte Diakonisse, sagte: ›Nehmen Sie Ihr Kreuz auf sich und werfen Sie es nicht ab! Es wird Sie in den Himmel bringen.‹ Ebenso rieten meine nächsten Freunde seelsorgerlich: ›Geh den Lammesweg und rebelliere nicht!‹

Hannelore, ich kann dir sagen: Ich war hin und her gerissen. In mir tobte ein harter Kampf. Ich wusste nicht, welchen Weg ich einschlagen sollte. Schließlich bin ich in den eingefahrenen Geleisen verblieben. Ich hatte weder die Kraft noch den Mut, aus unserem Familiensystem auszubrechen. So hat sich leider die Sucht über drei Jahrzehnte stabilisiert.«

Katharina macht eine Pause und denkt schuldbewusst darüber nach.

Aber ich empöre mich innerlich über solche allgemeinen, christlichen Ratschläge, die an und für sich zwar richtig, doch nach meiner Kenntnis in diesem Fall nicht angebracht sind. Kann ein frommes Schema, auf diese besondere Situation angewandt, nicht auch in die Irre führen? Jedenfalls hat es bei Katharina die Schuldgefühle verstärkt und sie veranlasst, ihre Helferrolle als »Co-Abhängige« beizubehalten. Es bestand für den süchtigen Mann absolut keine Notwendigkeit, sein Verhalten zu ändern. Darum hat sich das Übel von Jahr zu Jahr verstärkt.

»Hattest du deinen Seelsorgern auch die sexuellen Abscheulichkeiten geschildert, die du erleiden musstest?«, frage ich sie. »Nein!«, antwortet sie mir. »Ich schämte mich, sie nur anzudeuten. Erst jetzt habe ich genügend Abstand, um mit dir darüber reden zu können.«

Ich überlege: »Was ist wohl die Ursache, dass dein Mann Alkoholiker geworden ist?«

»Es könnte zwei Gründe geben«, erklärt sie mir, »durch den Alkoholmissbrauch nimmt seine Denkfähigkeit und auch seine Geschicklichkeit immer mehr ab. Dadurch haben seine vorhandenen Minderwertigkeitskomplexe um so mehr zugenommen. Statt sie zu verarbeiten, verdrängt er sie und trinkt. Im Suff fühlt er sich allen – und besonders mir – weit überlegen. Dann meint er, er sei stark.

Der tiefere Grund ist wohl ein Jugenderlebnis. Er war damals 17 Jahre alt, wie er mir berichtet hat. Da besuchte ein Bekannter aus dem nahe liegenden Dorf seine Familie. Die Mutter ließ ihn im Schlafzimmer bei den beiden Söhnen übernachten. Er unterhielt sich mit ihnen bis kurz vor Mitternacht. Überraschend erklärte er den Jungen: ›Ich kann den Satan rufen! Soll ich es tun?‹ Mein Mann sagte neugierig: ›Ja! Ich will ihm begegnen!‹ Aber sein neunjähriger Bruder hatte Angst. Um Zwölf hörten die drei ein Brausen, der Raum erbebte, der Tisch wackelte, die Deckbetten wurden weggezogen. Kreidebleich rannte der Jüngere zur Mutter, während die beiden anderen Unerklärliches erlebten. Als die Mutter kam, das Licht anmachte und Näheres erfuhr, wies sie den Gast sofort aus dem Haus. Sie war eine Christin und wusste von der Gefährlichkeit des Satanismus, außerdem eine kluge und dominante Hausmutter.

Seit diesem Ereignis hat mein Mann einen Hass bis auf den Tod gegen gläubige Christen, gegen Bibel, Gebet und Gottesdienst. Er sagte: ›Du kannst zwar beten, aber Gott wird dir doch nicht helfen!‹ Heimlich hat er mir meine beiden Bibeln verbrannt. Ich entdeckte die angesengten Seitenbündel im Kohlebeistellherd. Eines Nachts hat er voller Wut mein Radio zerschlagen, damit ich keine christlichen Sendungen mehr empfangen kann. Genauso machte er es mit meinem Kassettenrecorder, mit dem ich Glaubenslieder hörte.

Obwohl ich meinen Mann darum bat, hat er dem Satan und dessen Werken nie abgesagt, ebenso die damalige Begegnung vor Gott nicht rückgängig gemacht. Deswegen kann er jetzt auch nicht die göttliche Kraftquelle benutzen, um dem Übel zu widerstehen.

Aber ich, Hannelore, gebe die Hoffnung nicht auf und bete weiterhin für seine Umkehr. Kein aufrichtiges Gebet geht verloren. Es hat seine Wirkung.«

Ich staune über Katharinas Tragfähigkeit. »Was stärkt dich, diese heillose Familiensituation aushalten zu können?«, frage ich sie. Sie antwortet: »Über meinem Bett – wir haben inzwischen getrennte Schlafzimmer – hängt ein Bibelvers, der lautet: »Durch Stillesein und Hoffen werdet ihr stark sein.« Dadurch habe ich in letzter Zeit gelernt, nichts mehr zu sagen, wenn mein Mann mich im Suff angreifen will. Als ich früher auf seine Anschuldigungen etwas erwiderte oder etwas klarstellen wollte, wurde er um so rasender. Doch jetzt kann ich schweigen; ich bete im Stillen und segne ihn. Er beruhigt sich dann meistens nach kurzer Zeit.

Außerdem gehe ich treu in die Gottesdienste und in die Bibelstunden. Das lasse ich mir nicht verbieten! Ich nehme die Schwierigkeiten, die dadurch entstehen, in Kauf, denn ich brauche diese Stärkung, um das Eheelend verkraften zu können. Auch kenne ich Christen, die für unsere Familie beten und hinter uns stehen.«

In Gedanken versunken, nickt sie mir zu. Ich ermutige sie: »Du hast in den über 30 Leidensjahren entsetzliche Erfahrungen gemacht. Durch die Not bist du eine treue Beterin geworden, denn Not lehrt beten. Stimmt's?«

»Noch mehr: ich habe auch die Angst vor meinem wütigen Mann überwunden!«, fügt sie hinzu.

»Ich habe nämlich oft genug erlebt, dass er an eine kurze Kette gebunden ist und mir kaum schaden kann. Gottes Hand ist zwischen ihm und mir. Sein Schutz ist stärker als alle satanische Wut. Dadurch bin ich jetzt viel mutiger geworden. Wenn mein Mann nüchtern ist, kann ich sogar wieder Gefühle zeigen, auch klar und deutlich meine Überzeugung aussprechen. Hoffentlich wird mein Selbstwertgefühl als Frau, das am Boden zertreten wurde, langsam wieder gesunden.

In der letzten Zeit hat sich in unserer Familie einiges gebessert, und das habe ich unserer Tochter zu verdanken:

Vor einem halben Jahr hatte mein Mann mir nicht erlaubt, unser Freundestreffen zu besuchen. Es ist für mich jedes Mal ein geistliches Auftanken. Deshalb fuhr mich meine Tochter hin, während er sich wieder betrank. Ihre Mithilfe erboste ihn über alle Maßen. Sie wohnt mit ihrem Mann und ihrem Kind bei uns oben im Haus und tritt stets, wenn es möglich ist, für mich ein. Es bedrückt sie sehr, dass sie keinen guten Vater hat. Von Kindheit an entbehrte sie seine Liebe und Zärtlichkeit. Er hatte sogar behauptet, sie wäre gar nicht sein Kind. Dabei könnte er stolz auf sie sein, weil sie eine begabte und schöne junge Frau ist. Aber da sie auf meiner Seite steht, beleidigt er sie oft mit gemeinen Wörtern.

Kaum war ich vom Freundestreffen wieder zu Hause, erlebe ich etwas Schreckliches: Ich arbeite gerade in der Küche. Da höre ich, wie unsere Tochter auf dem Flur in ruhigem Ton zu ihrem

Vater sagt: ›So kann es nicht mehr weitergehen. Es muss sich hier etwas ändern! Nimm bitte Hilfe von außen in Anspruch, damit du von deiner Sucht freikommst!‹ Ein Knall – ein Schrei! Ich laufe hinaus und erstarre: Mein Mann liegt auf der Tochter und haut mit Fäusten auf sie ein, während unser Schwiegersohn die Treppe herunter stürzt, um seine Frau zu schützen. Da erhebt sich mein Mann und verprügelt ihn in satanischer Wut. Nachbarn hören den Lärm und bleiben entsetzt vor der Haustür stehen.

Tochter und Schwiegersohn müssen sich ärztlich behandeln lassen. Sie entschließt sich, ihren Vater wegen Körperverletzung anzuzeigen. Und ich werde als Zeugin vor Gericht gegen meinen Mann aussagen müssen! Doch am meisten hat mein Mann jetzt um sein Ansehen Angst; auch Angst davor, dass sein Alkoholismus vor allen offenbar würde.

Ich staune über unsere Tochter. Sie hat es gewagt, unser Familientabu zu brechen und offen über die Alkoholsucht zu reden. Sie will nicht mehr abfedern, alles zudecken und vertuschen, sondern endlich die Wahrheit zur Sprache bringen.

Doch diese Auseinandersetzung hat unsere sensible Tochter seelisch und nervlich so stark belastet, dass sie sich zur Zeit in einer Nervenklinik behandeln lassen muss. Auch ich bin am Ende meiner Kraft. Ich bete und bete immer wieder: ›Herr, schaffe du Recht und Frieden in unserer Familie!‹ Still ertrage ich die ständige Schimpferei meines Mannes.

In diesen schweren Tagen erhalten wir hilfreichen Besuch: Der Bruder meines Mannes steht überraschend vor unserer Tür. ›Ich wurde innerlich getrieben, euch zu besuchen! Deshalb bin ich hier! Wie geht es euch?‹, fragt er uns. Recht bedrückt erzähle ich ihm die schlimmen Ereignisse. Daraufhin erklärt er mit Bestimmtheit: ›Morgen besuchen wir eure Tochter in der Klinik, und du, mein Bruder, bittest sie um Verzeihung!‹ Mir stockt der Atem. Es wäre das erste Mal, dass mein Mann sich entschuldigt.

Nachdem er keine Ausrede mehr weiß, rufe ich unsere Tochter an: ›Dein Onkel ist hier, und wir wollen dich morgen besuchen! Ist es dir recht?‹ ›Wer kommt?‹, fragt sie zurück. ›Lass dich überraschen!‹, antworte ich. Meinen Mann aber bitte ich: ›Nimm sie doch einmal in deinen Arm und drücke sie an dein Herz! Das hat sie all die Jahre vermisst!‹

Am nächsten Tag erwartet uns unsere Tochter am Portal der Klinik. Beklommen denke ich: ›Es wird doch hoffentlich alles gut gehen!‹ Mein Schwager steigt zuerst aus dem Auto und umarmt herzlich seine Nichte. Mein Mann folgt ihm zögernd, nimmt sie in die Arme und gibt ihr zwei Küsse auf die Wange. Sie ist völlig überrascht. Seit vielen Jahren das erste Mal, dass sie von ihrem Vater geküsst wird! Wie gebannt bleibe ich stehen und kann es nicht fassen. Dann höre ich, wie mein Mann zu ihr spricht: ›Verzeih mir!‹ Unsere Tochter antwortet ruhig: ›Ich habe es schon längst vergeben!‹

Ich denke nach: ›Woher hat sie die Stärke, diesen Satz auszusprechen?‹ Da fällt mir ein, dass sie mir einmal erklärt hatte: ›Weißt du, Mutti, ich selbst brauche lebensnotwendig Gottes Vergebung; also muss ich meinem suchtkranken Vater vergeben, wenn es mir auch noch so schwer fällt!‹ Voll Liebe schaue ich auf meine Tochter und erkenne dankbar, dass sie unter dieser Belastung innerlich gereift ist. Unser Familienelend hat sie zu Gott hingetrieben. Er hat ihr alle Bitterkeit und Anklagen hinweggenommen.

Sie führt uns drei ins Besuchszimmer der Klinik und erklärt uns einiges. Etwas verlegen spricht ihr Vater sie an: ›Ich wusste nicht, was ich dir mitbringen soll. Hier hast du 300 Mark! Ich denke, du hast Verwendung dafür!‹ Ganz neue Töne! Wir sind sprachlos.

Eine Woche später darf sie uns übers Wochenende besuchen. Da schenkt er ihr als Ausdruck seiner Reue noch einige Geldscheine. Sie nimmt sie als Schmerzensgeld an und verspricht ihm: ›Ich werde die Anzeige zurücknehmen, aber du musst mir eine schriftliche Erklärung geben, dass du mich in Zukunft nie mehr beleidigen, noch tätlich angreifen wirst. Außerdem musst du die Lärmbelästigungen während der Nachtruhe unterlassen. Wenn du es nicht einhältst, muss ich leider doch noch gerichtliche Schritte gegen dich unternehmen!‹ Ihre Bestimmtheit unterstreicht, dass es ihr Ernst ist. Ihr Vater willigt ein.

Wird er sein Versprechen halten oder wird der Alkohol ihn wieder überwältigen? Ich muss da realistisch sein und – nach den Erfahrungen, die ich hinter mir habe – davon ausgehen, dass sich nicht viel ändern wird. Doch ich will die Hoffnung nicht völlig aufgeben!«

Katharinas Lebensbericht bewegt mich sehr. Unwillkürlich mache ich vor ihr eine kleine Verbeugung: »Respekt vor euch beiden Frauen, dass ihr diesem Mann vergeben habt! Manche Menschen wollen selbst kleinere Verletzungen nicht verzeihen. Nach dem, was du drei Jahrzehnte lang an Kummer und Schrecken erlebt hast, Katharina, müsstest du eigentlich voller Vorwürfe und Rachsucht sein!«

»Das kommt für mich nicht in Frage«, erklärt sie, »denn ich bete oft das Vaterunser. Dabei denke ich über jede der sieben Bitten nach, besonders über die eine: ›Vergib uns unsre Schuld, wie auch wir vergeben unsern Schuldigern!‹ In Gedanken verändere ich diese Bitte so: ›Vergib mir meine Schuld, wie auch ich vergebe meinem Mann!‹ Dabei betone ich die drei kleinen Wörter ›wie auch ich‹ besonders kräftig.

Doch ich gestehe dir, Hannelore, dass trotzdem ab und zu Grollgedanken und Selbstmitleid in mir hochsteigen. Soll ich sie wachsen lassen, dass sie überhand nehmen und anklagende Worte werden? Nein! Ich ersticke sie im Keim!«

»Und wie machst du das?«, will ich wissen. »Das geht so:« erklärt sie mir. »Ich singe oder sage laut: ›Jesus ist Sieger über meine Grollgedanken! Jesus ist Sieger über alles Selbstmitleid! Jesus ist Sieger über meine Bitterkeit!‹ Dabei stelle ich mir Jesus vor, wie er machtvoll aus dem Grab aufersteht. Er hat Tod und Satan besiegt. Deshalb ist es ihm ein Leichtes, meine negativen Gedanken zu verscheuchen. Fort sind sie – diese schwarzen Vögel! Sie dürfen kein Nest in mir bauen und Ungutes ausbrüten! Dadurch ist die Atmosphäre wieder gereinigt, und ich bin im Frieden mit Gott, mit meinem Mann und mit mir selbst. Aus Erfahrung habe ich gelernt: Wenn ich diesen Grollgedanken Raum gäbe, dann würde ich sogar mit Gott hadern.

Doch jetzt haben positive Gedanken viel Platz und sie breiten sich aus: Ich sehe an meinem Mann, wie fleißig er war; dass wir zusammen unser Haus gebaut haben und er mir hilft, unseren Garten in Ordnung zu halten; auch sind seine Schimpfkanonaden kürzer geworden, und die nächtliche Radiomusik gehört neuerdings der Vergangenheit an! Gestern sagte er sogar zu mir: ›Wo wäre ich gelandet, wenn ich dich nicht hätte!‹ Was für ein wohltuender Satz! Ich werde ihn nie vergessen! Es ist noch nicht zu spät für eine radikale Änderung!

Stell dir vor: Seit kurzem kommt er, zwar noch angetrunken, jedoch früher nach Hause und beleidigt mich kaum noch, sondern wartet, dass ich ein freundliches Wort zu ihm sage. Wo früher endloses Geschimpfe oder Schweigen waren, können wir jetzt auf einmal vernünftig miteinander reden! Letzte Woche hat er sogar mein Essen gelobt und danach ›Dankeschön‹ gesagt!«

Auf ihrem Gesicht liegt ein frohes Leuchten. So frage ich die Freundin: »Kannst du denn deinen Mann noch lieb haben, nach allem, was er dir und eurer Tochter angetan hat?«

Sie antwortet: »Meine frauliche Liebe hat er längst zertrampelt. Aber da ist eine andere aufgebrochen.« Sie hält inne, und ich ergänze: »Ja, die göttliche! Es ist die Agape!« – »So ist es«, stimmt sie zu, »oft habe ich gebetet: ›Jesus, gib mir von deiner Liebe; denn die meine ist am Ende!‹ Dann denke ich daran, wie Jesus nicht nur seine Freunde, die ihn so enttäuscht haben, sondern auch seine Feinde, die ihn umgebracht haben, geliebt hat bis ans Ende.«

Ergriffen nicke ich ihr zu: »Katharina, du hast schwere, aber auch mutmachende Erfahrungen gemacht, die manchen Frauen helfen können.«

»Das geschieht schon«, berichtet sie mir, »denn oft rufen mich Frauen an, die depressiv sind oder Ängste haben, Frauen, die in der Ehe oder im Beruf nicht zurechtkommen, die nikotinsüchtig oder an Sex gebunden sind. Ich höre zu und ermutige sie. Wenn es angebracht ist, bete ich am Telefon mit ihnen. Ich denke, dass diese Art Telefonseelsorge jetzt mein Auftrag ist, da ich älter werde und nicht mehr so mobil sein kann.«

»So ist das Leid, das Gott dir zugemutet hat, nicht sinnlos«, sage ich bewegt, »denn du kannst Leidgeprüften helfen. Ein klein wenig erlebst du jetzt schon und erst recht in der Ewigkeit einen wunderbaren Ausgang aus allem Dunkel.«

Herzlich verabschiede ich mich von ihr und danke ihr für ihre Offenheit. Zu Hause beschäftigt mich ihr Lebenslauf noch wochenlang. Es lässt mir keine Ruhe, bis ich endlich am Telefon frage: »Katharina, wie würdest du dich deinem Mann gegenüber verhalten, wenn du wieder 30 Jahre jünger wärst und hättest diesen Durchblick, den du heute hast?«

»Genau darüber denke ich seit unserem Gespräch intensiv nach, liebe Hannelore!«, antwortet sie mir. »Ich würde vielleicht folgende Sätze zu meinem Mann sagen:

›Wenn du mir nicht genügend Haushaltsgeld gibst, ist es mir unmöglich, für dich zu kochen und dir den Haushalt zu führen!‹

Oder: ›Ich werde im Sommer nicht mehr langärmelige Blusen tragen, um blaue Flecke zu verbergen. Wenn die Leute mich fragen, woher sie kommen, werde ich ihnen die Wahrheit sagen!‹

›Ich kann es nicht mehr verkraften, wie du dich im Ehebett verhältst! Wir führen ab sofort getrennte Schlafzimmer ein!‹

›Die nächtliche Lärmbelästigung macht unsere Tochter und mich nervenkrank. Wenn du sie nicht sofort abstellst, müssen wir um unserer Gesundheit willen das Haus verlassen!‹

›Es ist für mich unzumutbar, deine besudelten Kleider zu reinigen und dein Erbrochenes zu beseitigen, selbst wenn Gäste ins Haus kämen. Du wirst es in Zukunft selber machen und merken, wie eklig das ist!‹

›Weil ich unsere schreckliche Familiensituation nicht ändern kann, werde ich professionelle Hilfe von außen annehmen und wenigstens mein eigenes Verhalten ändern!‹

Ja, solche Gedanken hatte ich, habe sie aber leider nie ausgesprochen, geschweige denn durchgeführt.« Ihre Stimme klingt traurig und schuldbewusst.

»Es ist noch nicht zu spät!«, tröste ich sie. »Obwohl du schon 70 bist, kannst du doch einiges verbessern! Du bist ja nicht altersstarr, sondern immer noch lernfähig! Du kannst dein Verhalten ändern, denn Vergeben schließt Handeln nicht aus! Nun bin ich gespannt, welche Schritte du unternehmen wirst! Wenn ich dir behilflich sein kann, lass es mich bitte wissen!«

»Danke!«, antwortet Katharina. »Doch augenblicklich geht es mir gesundheitlich gar nicht gut. Ich muss möglichst ruhig im Bett liegen bleiben, weil ich durch einen Bandscheibenschaden starke Schmerzen im rechten Bein habe. Leider kann ich von meinem Mann weder Hilfe noch Pflege erwarten.«

»Bringt er dir nicht einmal eine Tasse Tee ans Bett?«, frage ich, über sein Verhalten sehr enttäuscht.

»Nein!«, seufzt sie. »Er brummt nur: ›Schaff dich in die Klinik!‹ So werde ich wohl einen längeren Klinik- und Kuraufenthalt auf mich nehmen müssen. Dort kann ich mir Zeit nehmen, Gott und auch Experten zu fragen, welche Schritte ich unternehmen soll.«

»Liebe Katharina, du brauchst dich jetzt nicht mit späteren Entscheidungen zu belasten, denn nun ist es vor allem wichtig, dass du wieder schmerzfrei und gesund wirst. Das hat Vorrang!

Darum wünsche ich dir einen hilfreichen Klinikaufenthalt, richtige Diagnosen, verträgliche Medikamente und, wenn nötig, eine erfolgreiche Operation. Wir wollen hier treu für dich beten! Gute, gute Besserung!« Damit verabschiede ich mich.

Sehr nachdenklich lege ich den Hörer auf. War Katharinas seelische Last so schwer, dass darunter ihr Rücken fast zerbrach? Wie kommt es, dass die Alkoholsucht 30 Jahre lang eine Familie unter ihrer »Fuchtel« halten konnte? Das will Gott sicher nicht! Was ist hier schief gelaufen?

Ich frage mich, ob sich bei Katharina und ihrem Mann Menschen verbunden haben, die an sich sehr gut zusammen passen und sich ergänzen: ein Selbstsüchtiger und eine Selbstlose, ein Verwöhnter und eine Verwöhnende, ein Kranker und eine Helferin, ein Symptomträger und eine Symptompflegerin, ein intellektuell oder geistlich Unterlegener und eine ihm weit Überlegene, ein Chaot und eine Ordentliche, ein Versager und eine Tragfähige? Eigentlich ein perfektes Hand-in-Hand-Spiel!

Unbewusst sorgten beide dafür, dass sie ihre Rollen beibehalten konnten, die sie wohl schon in ihren Kindertagen eingeübt haben. So machte Katharina es ihrem Mann unmöglich, seine Situation klar zu erkennen, weil sie aus ihrer Dulder- und Helferrolle nicht ausgestiegen ist. Hatte sich in ihr ein Helfersyndrom entwickelt? Wollte sie unbewusst ihre Tugendhaftigkeit unter Beweis stellen oder gar eine Märtyrerin sein? Ich weiß es nicht.

Es gehört viel Mut dazu, aus dem eingefahrenen Rollenverhalten auszubrechen und unter Hinzuziehung eines Familienberaters die krankmachende Beziehung zu klären und zu heilen.

Wenn es die Menschen nicht schaffen, greift manchmal Gott selbst ein: Die bisher starke Katharina ist jetzt körperlich so schwach, dass sie sich vor Schmerzen nicht mehr rühren kann. Nun steht der alkoholkranke Ehemann vor der ihm fremden Aufgabe, sie zu umsorgen und zu pflegen. Beide sind jetzt gezwungen, ihre Rollen zu ändern. Wie wird es ausgehen?

Ich bin überzeugt, dass Gott auf die vielen Gebete hin auch diese Familie noch heilen wird.

Anregungen für ein Gruppengespräch

Fragen:

Wie können wir Familien, die Suchtprobleme haben, helfen?

Ist Alkoholismus Sünde oder Krankheit? (Trunkenheit ist eine Sünde, Alkoholismus ist eine Krankheit.)

Warum sind Duldsamkeit und »Helfer-Syndrom« der Angehörigen eines Süchtigen fehl am Platz?

Zitate:

Einen Alkoholiker kann man nicht ändern,
sondern nur das eigene Verhalten.

(Christina P. Parker)

Alkoholismus ist eine Beziehungsstörung.
Darum hat jede Therapie Erfolg,
die das unheilvolle Zusammenspiel unterbricht.

(Reinhold Ruthe)

Wohin Sie sich wenden können,
wenn Sie Hilfe brauchen:
Blaues Kreuz in Deutschland e.V.,
Postfach 20 02 52, 42202 Wuppertal,
Tel.: (0202) 620 03 40

Bildbetrachtung:

Daniel in der Löwengrube
(Material für Gemeindebriefe)

In Zeiten schwerer Krankheit war Gott mir nah

Auf einer Frauenfreizeit im Schwarzwald treffe ich nach vielen Jahren Käte wieder. Inzwischen waren wir beide sichtlich älter und schön grauhaarig geworden. »Wie ist es dir seither ergangen?«, frage ich sie. »Ich habe viel Schönes erlebt«, antwortet sie mir, »aber auch schwere Krankheiten durchstehen müssen.« Aufmerksam schaue ich ihr in die Augen und erkenne: Ihr Gesicht ist blass und von Leid gezeichnet. Trotzdem wirkt sie gelassen und ist guter Dinge. Das erstaunt mich. Deshalb bitte ich sie: »Erzähl mir, was du durchgemacht hast!« Bereitwillig berichtet sie von ihren beiden schwersten Krankheiten mit Operationen – nicht im Tonfall einer Klage, sondern nachdenklich und voller Dankbarkeit. Ich bin sehr beeindruckt.

Als sie am Ende anlangt, schlage ich ihr vor: »Wie wäre es, Käte, wenn du mir diese Erlebnisse für den zweiten Band ›Was Frauen mit Gott erleben‹ aufschreiben würdest? Ohne sich zu zieren, sagt sie zu. Einige Zeit später erhalte ich diesen ihren Bericht:

Mir wurde leider keine robuste Gesundheit in die Wiege gelegt. So übte ich mich schon früh darin, Krankheiten zu verkraften und trotzdem Lebensmut zu behalten.

In meinem 30. Lebensjahr, wo andere Mütter vor Gesundheit strotzen, wurde bei mir eine schwere Herzerkrankung festgestellt. Der Arzt sagte ganz offen zu mir: »Sie werden nicht alt werden. Ihr Herz hat schon den Todeskeim in sich.« Im Blick auf meine junge Familie machte mir das schwer zu schaffen. Da sprang mir das Psalmwort »Denen, die Gott suchen, wird das Herz leben« in die Augen. »Das gilt für mich«, sagte ich mir, »denn ich bin eine, die Gott sucht und ein todkrankes Herz hat!«

Mein krankes Herz schlägt noch heute! Doch es musste manche Krankheiten und Operationen durchstehen. Aber Gott hat ihm immer wieder neue Lebenskraft gegeben.

Nie werde ich den Abend vor meiner Gallenoperation vergessen. Ich lag ganz allein im Krankenhauszimmer und fühlte mich verlassen. Gerade hatte der Arzt zu mir gesagt: »Ich muss Ihnen leider mitteilen, dass Ihre Galle kurz vor dem Durchbruch ist und dass wir sie deshalb schnellstens operieren müssen, obwohl Ihr Herz sehr schwach ist. Sie wissen ja, dass jede Operation ein Risiko enthält. Das gilt besonders für Ihre Gallenoperation, die wir morgen früh vornehmen. Wir werden aber alles tun, was in unserer menschlichen Möglichkeit steht.« Ich nickte und verstand, dass es diesmal auf Leben und Tod gehen würde – kein Vergleich mit den Operationen, die schon hinter mir lagen.

Plötzlich sprang mich die Angst an – wie eine Bestie aus dem Dunkeln. Sie legte sich mir auf die Brust und engte sie ein. Ich schnappte nach Luft. Dann klammerte sie ihre Klauen um meinen Hals und würgte mich. Mein Herz raste. Sterben? Jetzt schon? Ich wollte beten, aber meine Gedanken flatterten umher. Panik erfasste mich. In meinem Kopf wirbelte alles durcheinander. Suchend irrten meine Augen durch das Zimmer.

Schließlich blieb mein Blick an einem Bild hängen. Bisher hatte ich es nicht beachtet; aber jetzt sprach es zu mir. Was für eine Ruhe strahlte es aus! Es stellte einen Schäfer mit seiner Herde auf der Alb dar, auf seinem Arm ein kleines Lamm. Dieses legte vertrauensvoll sein Köpfchen an die Brust des Hirten. Schlagartig – wie ein Blitz – leuchteten die Worte Jesu vor mir auf: »Ich bin der gute Hirte. Meine Schafe hören meine Stimme. Niemand wird sie aus meiner Hand reißen.«

Da hörte ich geradezu, wie er weiter zu mir sprach: »Auch nicht diese Operation, keine Gefahr oder Angst, nicht einmal der Tod – gar nichts kann dich, mein Kind, aus meiner Hand reißen!«

Beglückend ging mir neu auf: Im Leben und im Sterben bin ich bei ihm geborgen, gehalten von seiner starken Hand, getragen auf seinem Arm. Erst recht in der Ewigkeit bin und bleibe ich in seiner guten Hand. Vertrauensvoll schmiegte ich mich hinein. Niemals lässt er mich fallen, weil er mich lieb hat. So wertvoll bin ich ihm – ich armes Häuflein Elend!

Alle Angst war gewichen. Ruhig und getrost schlief ich ein wie ein Kind im Arm des Vaters.

Dieses Gefühl der Geborgenheit hielt auch noch am nächsten Morgen an, als ich in den Operationssaal gefahren wurde und in Narkose fiel. Ich hatte mich nicht in der Menschen Hände begeben, sondern in Gottes Hand. Die gelungene Operation, die ohne Komplikationen verlief, wurde von allen – auch von den Ärzten – als ein Wunder angesehen.

Aber ich war noch so schwach, dass ich die Augen geschlossen hielt und stundenlang vor mich hindämmerte. Um wieder Lebenskräfte zu erhalten, stellte mir mein Mann ein kleines Radio auf den Nachttisch. »Liebe Käte«, sagte er, »du brauchst nur zur bestimmten Zeit auf den Knopf zu drücken, dann hörst du den Evangeliumsrundfunk!« Doch in meiner Schwäche verschlief ich die Sendezeiten und war darüber sehr traurig. »Vater im Himmel«, betete ich, »wecke mich bitte, wenn eine Sendung beginnt!« Er muss wohl daraufhin dem Engel an meinem Bett einen Auftrag gegeben haben, denn von da an wachte ich jedes Mal auf die Sekunde genau auf, um den Evangeliumsrundfunk einzuschalten. Wie freute ich mich über Gottes väterliche Fürsorge!

Diese Erfahrungen waren eine gute Vorbereitung auf eine noch schwerere Krankheit wenige Zeit danach:

Plötzlich fühlte ich in meiner linken Brust einen Knoten. Ich erschrak. Ist es Krebs? Mein Mann versuchte, mich zu beruhigen. So schnell wie möglich ließ ich eine Mammographie machen. Der Röntgenarzt rief meinen Mann und mich ins Sprechzimmer und zeigte uns mit ernstem Gesicht auf der Aufnahme den beleuchteten

Knoten. »Er sieht nicht gut aus und muss sofort operiert werden«, riet der Arzt. Ich war wie betäubt. »O Herr, das darf nicht wahr sein!«, sprach ich in Gedanken zu Gott. »Ich habe doch schon so viel durchgemacht! Willst du mir trotz meiner Herzschwäche solch eine Operation zumuten? Bitte, bitte lass die Geschwulst nicht bösartig sein!«

Da erwachte plötzlich ein ungeheurer Lebenswille in mir. »Kann ich noch 14 Tage warten?«, fragte ich meinen Hausarzt. Nur ungern willigte er ein.

Zwei Wochen Gnadenfrist! Äußerlich und innerlich bereitete ich mich auf alles vor: Ich putzte die Wohnung, räumte Schubladen auf, ordnete viele Dinge und schrieb wichtige Briefe. Dabei war ich stets im Gespräch mit Gott. Von Tag zu Tag wuchs meine Hoffnung: Vielleicht ist der Knoten doch gutartig?

Nach 14 Tagen rief mich mein Arzt an und beschwor mich, schnellstens ins Krankenhaus zu gehen. Auf dem Weg dorthin besuchten wir einen alten, kranken Pfarrer und erzählten ihm von der bevorstehenden Operation. Er hatte selbst auch viel Schweres durchlitten. Nachdenklich nickte er, sah mich an und sagte langsam: »Ja ja, wir müssen durch viele Trübsale in Gottes Reich eingehen.« Priesterlich betete er mit uns und segnete mich.

Dieses von ihm so betonte »müssen« blieb mir noch im Ohr, als wir weiterfuhren. Ich dachte darüber nach und sprach zu Gott: »Wenn es sein muss, Vater im Himmel, dann will ich Ja sagen zu allem, was du mir auferlegst. Ich berge mich wieder vertrauensvoll in deine Hand.«

Am Abend vor der Operation las ich in den Psalmen und besonders den 23. Psalm: »Und ob ich schon wanderte im finstern Tal, fürchte ich kein Unglück. Denn du bist bei mir. Dein Stecken und Stab trösten mich.« Wieder sah ich den guten Hirten vor meinem inneren Auge. Ich fühlte mich von ihm getragen und hatte keine Angst. »Der Knoten wird gutartig sein«, so hoffte ich von ganzem Herzen.

Am nächsten Morgen wurde der Knoten entfernt und untersucht. Ich wachte aus der Narkose auf. Ein freundliches Gesicht, von einer grünen Kapuze umrahmt, beugte sich über mich. Ich vernahm die Worte: »Es ist leider bösartig!« – »O weh!«, hauchte ich und sank in den Schlummer der Narkose zurück. Als ich wieder erwachte und meine Gedanken sammelte, wurde mir klar: Ich habe nur noch eine Brust – die andere ist weg! Mir war erbärmlich und elend zumute. Doch mein lieber Mann saß an meinem Bett und hielt meine Hand. Das gab mir für den Augenblick ein wenig Trost.

Ich hatte aber den Eindruck, dass mein Lebenslicht nur noch flackere und am Erlöschen sei. So ließ ich dem Krankenhauspfarrer ausrichten, er möge mir das Heilige Abendmahl geben. Zuvor bat ich Gott aufrichtig um Vergebung für meine hochmütigen, oft auch neidischen Gedanken, für alle lieblosen Worte und für meine Unterlassungen des Guten, vor allem aber dafür, dass ich ihm vor lauter Arbeit zu wenig Zeit und zu wenig Liebe gewidmet hatte. Dann aber hörte ich die Abendmahlsworte: »Christi Leib für dich gebrochen zur Vergebung deiner Sünden! Christi Blut für dich vergossen zur Vergebung deiner Sünden!« Welche Entlastung! Ich schmeckte auf der Zunge und in meinem Herzen Gottes wunderbare Vergebung. Neue Lebenskräfte strömten mir zu. Nun fühlte ich mich innerlich gestärkt und ermutigt, auch wenn ich körperlich noch sehr geschwächt war.

In diesen Tagen im Krankenhaus erreichten mich viele Grüße, Blumen, Päckchen und Anrufe von Freunden und Verwandten. Sie ließen mich wissen, dass sie für mich beteten. Ich spürte das auch: Ihre Gebete standen wie eine schützende Mauer um mich herum. War ich allein im Zimmer, so sang ich leise vor mich hin:

»Von guten Mächten wunderbar geborgen
erwarte ich getrost, was kommen mag.
Gott ist bei mir am Abend und am Morgen
und ganz gewiss an jedem neuen Tag.

Und reicht er mir den schweren Kelch,
den bittern, des Leids,
gefüllt bis an den höchsten Rand,
so nehme ich ihn dankbar ohne Zittern
aus seiner guten und geliebten Hand.«

Ganz beglückt war ich darüber, dass meine Tochter, die in einer entfernten Stadt als Krankenschwester arbeitete, ihren Urlaub bei uns zu Hause verbrachte, mich täglich besuchte und mir viel Liebe erwies. Was ist das doch für ein Trost, wenn in schweren Stunden und in Schwachheit die nächsten Angehörigen mit einem fühlen!

Als ich aus dem Krankenhaus entlassen war, konnte ich daheim vor lauter Schwäche nicht das Geringste tun. Ich war in den Bewegungen meines Arms so eingeschränkt, dass ich nicht einmal Kaffee kochen konnte. »O Jesus, wie soll das weitergehen, wenn ich so schwach bin?«, fragte ich verzagt. »Lass das meine Sorge sein!«, war die Antwort. Und so erfuhr ich seine Fürsorge: Eine Freundin putzte mir die Wohnung, die Nachbarin schickte ein wunderbares Mittagessen, und jemand nahm mir die Wäsche ab. Andere ließen sich allerlei einfallen, wie sie mir wohl tun konnten.

Doch die größte Freude machte mir wieder unsere Tochter: Überraschend besuchte sie uns zu Ostern, zusammen mit ihrem Freund. Sie verkündigte: »Wir möchten morgen bei euch im kleinen Kreis unsere Verlobung feiern!« Welch ein Glück! Was ich im Geheimen gehofft hatte, war nun eingetroffen. Dieses Fest gab mir großen Auftrieb und erfüllte mich mit Dankbarkeit.

Doch einige Zeit danach erlebte ich wieder schwere Tage und schlaflose Nachtstunden. Ich fiel in eine depressive Phase und saß tief im dunklen Loch. Bang dachte ich: »Nun bin ich eine Amputierte – eine Frau, der Wesentliches fehlt! Statt der linken Brust habe ich jetzt eine abscheuliche Narbe. Ich bin nichts mehr wert. Manche

Männer lassen sich von solchen Frauen scheiden.«

Also fragte ich meinen Mann: »Liebst du mich noch, obwohl ich jetzt ein Krüppel bin?« Da nahm er mich ganz fest in seine Arme, küsste mich und sagte: »Ich liebe dich immer so, wie du bist! Und jetzt sogar noch mehr!« Seine Liebe hat mich aus den Depressionen herausgerissen, in die ich sonst versunken wäre. Das werde ich nie vergessen, dass er mir nicht nur »in guten, sondern auch in bösen Tagen« treu zur Seite stand, »in Freud und Leid« – wie die Trauformel lautet. Viel mehr als die glücklichen Tage haben uns solche schweren Zeiten, die wir gemeinsam durchgestanden haben, miteinander verbunden. Ich möchte sie deshalb nicht missen!

Im Nachhinein bin ich Gott auch für meine Leidenszeiten dankbar. Zwar sind sie im Augenblick des Erlebens sehr bitter und schmecken einem gar nicht. Aber hernach wird das Bittere süß. Nicht nur ich, auch andere merkten es, dass ich durch das Leid reifer geworden bin. Es hat mich tiefer in die Zwiesprache mit Gott hineingeführt. Hat er doch nach den Krankheiten in Todesnähe mir das Leben wieder neu geschenkt! Darum möchte ich in immer herzlicherer Verbindung mit ihm leben.

Es geschieht ja nichts von ungefähr! Gott macht keine Fehler! Auch meine leidvollen Erfahrungen hat er in seiner Weisheit eingeplant. Sie sollen mir zum Besten dienen. Ich soll nämlich seinem Sohn in dem einen oder anderen Wesenszug immer ähnlicher werden, damit ich hier und in der ewigen Welt in seine Familie hineinpasse. Habe ich doch gelernt – so wie Jesus – in großer Not zu sagen: »Vater, nicht mein, sondern dein Wille geschehe!«

Seither habe ich keine Angst mehr, dem Tod zu begegnen, denn nun weiß ich: Wenn er seinen Rachen aufreißt, kann er mich doch nicht verschlingen! Ich bin hier und in der Ewigkeit in Gottes Hand geborgen. Unvorstellbare Herrlichkeit erwartet mich nach dem Sterben. Was ich mir in meiner kühnsten Phantasie nicht ausmalen kann, das hat Gott in seiner Liebe schon längst für mich vorbereitet. Wenn ich darüber nachdenke, steigt in mir ein Glücksgefühl hoch und erfüllt mich mit Vorfreude auf die Ewigkeit bei ihm.

Als ich auch die Nachbehandlung überstanden hatte, nahm der Arzt sich Zeit, ausführlich mit mir zu reden: »Die Krebskrankheit ist nicht automatisch ein Todesurteil. Wir haben Ihre kranken Zellen vollständig entfernt. Solange nicht eine neue Diagnose dem widerspricht, sagen Sie jetzt bitte nie mehr ›Ich bin krebskrank‹, sondern ›ich hatte Krebs!‹ Es gibt nämlich ›selbsterfüllende Prophezeiungen, d. h. aufgrund seiner negativen Voreinstellung sorgt der Sprecher selber dafür, dass seine ›Prophezeiung‹ auch eintrifft.

Ihre Kräfte«, fuhr der Arzt fort, »sind jetzt durch die überstandene Krankheit für längere Zeit reduziert; sie werden aber langsam wiederkommen. Beachten Sie deshalb die Grenzen Ihrer Belastbarkeit! Außerdem empfehle ich Ihnen eine gesunde Lebensweise mit Vollwertkost. Stärken

Sie Ihre Abwehrkraft und sorgen Sie immer für die nötige Entspannung! Stundenlanges, ehrgeiziges und anstrengendes Arbeiten – und sei es nur im Sitzen – ist bekanntlich für ehemals Krebskranke Gift. Bleiben Sie deshalb gelassen und vermeiden Sie negativen Stress! Menschen, die ständig in einem inneren Konflikt leben, es jedem recht und alles perfekt machen wollen, die sind besonders krebsgefährdet. Ist die Seele in Disharmonie, kann daraus eine Krankheit entstehen. Doch nicht nur mit sich selbst, sondern auch mit den Nächsten im Frieden leben und keine heimlichen Vorwürfe gegen sie nähren, das fördert bekanntlich die Gesundheit.«

Besonders die letzten Sätze des Arztes habe ich mir sehr zu Herzen genommen. Mit Gott und mit den Menschen um mich herum in Harmonie zu sein, ist mir ein großes Anliegen. Ich will sie so annehmen, wie sie sind. So übe ich mich darin, denen, die mich gekränkt haben, möglichst schnell zu verzeihen. Das ist Jesu Gebot und bekommt tatsächlich meiner Gesundheit am besten. Spürbares Wohlbefinden durchströmt mich, wenn ich ein getrübtes Verhältnis zu meinem Nächsten vor Gott und in mir in Ordnung gebracht habe. Das geschieht meistens im Stillen: In Gedanken verzeihe ich dem anderen sein Sosein und trage ihm nichts mehr nach. Hie und da ist auch eine klärende Aussprache nötig. Meine Bitterkeit und geheime Kritik schrumpfen darauf bald zu einem Nichts zusammen.

Aber auch mit den äußeren Umständen und

mit mir selber immer wieder in Einklang zu kommen, ist für mich zur seelischen Hygiene geworden. Verzeihen und Versöhnen ist für mein schwaches Herz die beste Stärkung. Sie wirkt nachhaltiger als meine Herzmedizin und ist vorbeugend gegen eine neue Krebserkrankung. Erstaunlich, wie sehr Körper und Psyche zusammenhängen!

Durch meine schweren Krankheiten habe ich in der »Schule des Lebens« viel gelernt. Das Wichtigste aber ist für mich, ein gereinigtes, ungetrübtes Verhältnis zu Jesus Christus zu haben und Tag und Nacht nahe bei ihm zu bleiben.

Besonders durch meine Erfahrungen an der Grenze des Todes kann ich mich jetzt viel besser in die leidvollen Gefühle Krebskranker hineinversetzen. In den Gruppen »Frauenselbsthilfe nach Krebs« kann ich Ermutigendes beitragen. Aber auch in persönlichen Gesprächen mit Patienten sowie in Frauenkreisen und auf Frühstückstreffen habe ich jetzt Wegweisendes zu sagen. Ebenso möchte ich durch diesen schriftlichen Beitrag leidgeprüften Frauen dazu helfen, dass sie die Hoffnung nicht aufgeben. Ich will sie trösten mit dem Trost, mit dem ich selber von Gott in schwerer Krankheit getröstet worden bin. Und wenn er mir noch einige Zeit auf dieser Erde schenkt, dann soll ihr Inhalt ganz von ihm bestimmt werden.

Anregungen für ein Gruppengespräch:

1. *Den 23. Psalm in verschiedenen Übersetzungen lesen lassen.*
2. *Die einzelnen Verse in Zierschrift auf Kärtchen schreiben, offen auf einen Teller legen und von den Teilnehmern je einen Vers aussuchen lassen.*
3. *Fragen: Warum haben Sie sich diesen Vers ausgesucht? Was sagt er Ihnen?*
4. *Austausch*
5. *Vertonungen des 23. Psalms singen wie »Der Herr ist mein getreuer Hirt...« (Evang. Kirchengesangbuch Nr. 274 nach der Melodie Nr. 341) oder folgenden Kanon: »Mein guter Hirt ist Jesus. Er macht mich froh und frei. Auf allen meinen Wegen ist immer er dabei. Immer, immer, immer ist er dabei.«*

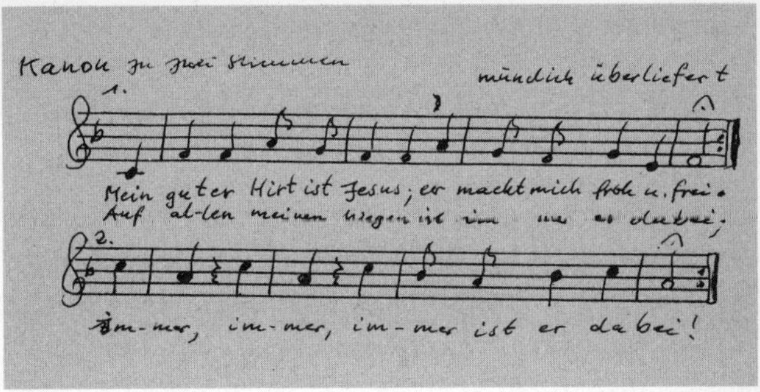

Bildbetrachtung:

Herkunft: Rudolf Schäfer, Familienbibel

Zitate aus »Psychologie heute«, Juniheft 1997:

Es gibt unübersehbare Zusammenhänge zwischen bestimmten Formen von Religiosität und leibseelischer Gesundheit.

In jüngster Zeit mehren sich Hinweise, dass religiöse Menschen von ihrem Glauben an Gott oder an eine höhere Macht für ihre körperliche und psychische Gesundheit profitieren.

Die Zwischenbilanz der neueren Forschung über Religiosität und Gesundheit lässt sich so zusammenfassen: Die wohltuende Wirkung des Glaubens beruht mit hoher Wahrscheinlichkeit auf der Kombination von sozialer Unterstützung, Lebenssinn, dem Gefühl, mit einer höheren Macht verbunden zu sein, und stressreduzierenden Gebets- und Meditationspraktiken.

Wer sein Schicksal vertrauensvoll in die Hand Gottes legen kann, profitiert von der gesundheitsfördernden Kraft des Glaubens. Typisch für diese Haltung sind Gebete des Typs »Dein Wille geschehe«!

Wer sein Leben als sinnvoll erlebt, ist eingebettet in ein größeres Ganzes und ist psychisch und körperlich resistenter.

Scheidung heißt nicht scheitern

Seit vielen Jahren kenne ich Manuel und Corinna. Sie galten im Bekanntenkreis und in der Gemeinde als ein vorbildliches, christliches Ehepaar. Verheiratete fragten sie um Rat, und Jugendliche nahmen ihre Ehe als Muster für ihre eigenen Zukunftspläne. Um die drei Kinder sorgfältig erziehen zu können, gab Corinna ihren Beruf als Lehrerin auf. Sie genoss die Vorzüge einer »Nur-Hausfrau«, nahm aber auch die Nachteile in Kauf.

Um so mehr orientierte sich ihr Mann nach außen. Er sonnte sich in der Anerkennung durch seine Kollegen und beeindruckte mit seiner charmanten Art jüngere Frauen. Die Praktikantinnen schwärmten für ihn. Wenn er dann abends heimkam, sehnte sich Corinna danach, mit ihm ihre Gedanken auszutauschen und an seiner Berufswelt Anteil zu nehmen. Aber Manuel war oft müde und hing geistesabwesend seinen eigenen Gedanken nach, ohne die Bedürfnisse seiner Frau wahrzunehmen. Mitunter sagte er überraschend: »Ich habe für morgen Abend ein paar Gäste eingeladen; sie sind mir sehr wichtig, auch brauchen sie den Kontakt mit mir.«

Corinna bereitete am Gästeabend ein schönes Essen und erhielt dafür ein artiges Lob. Danach war sie den ganzen Abend über Nebensache. Ihr beredter Mann brillierte im Kreis der Damen, und sie fand es albern, wie diese ihn anhimmelten.

Sie fühlte sich vor den anderen gedemütigt.

Am nächsten Tag sprach sie ihn daraufhin an. Er antwortete: »Ich weiß gar nicht, was du hast! Ich habe die Frauen doch kaum berührt! Du wirst doch nicht eifersüchtig sein? Schließlich hast du den Trauschein und damit die Sicherheit! Der gilt nach wie vor! Vielleicht könntest du in der Volkshochschule einige Kurse belegen und etwas für dich tun, das dich erfüllt, anstatt mit deinen Vorwürfen mich in meinem Lebensgefühl einzuengen! Du musst dich unbedingt weiterentwickeln, sonst kannst du den Riesenvorsprung, den ich vor dir habe, nicht mehr einholen! Dann wirst du auch an den Gästeabenden mitreden können!«

Über diese früher so vorbildliche Ehe hatte sich ein Mehltau gelegt. Der Glanz der Liebe war längst erloschen. Corinna nahm es jahrelang hin, dass ihr Mann bei anderen Frauen vor Feuer nur so sprühte und diese begeisterte, aber ihre eigenen Bedürfnisse und die der Kinder übersah.

»Du weißt genau«, sagte sie zu ihm, »dass es natürlicherweise zwischen den beiden Geschlechtern emotionale, besonders erotische Schwingungen gibt. Wenn du sie leugnest und dich weiterhin so verhältst, kannst du sie vielleicht irgendwann nicht mehr bremsen! So entstehen seelische Bindungen. Nicht umsonst steht in der Bibel: ›Wehret den Anfängen!‹«

Nun weiß ich heute nicht mehr, vor wieviel Jahren es war, als ich Corinna auf einem Frühstückstreffen für Frauen wieder begegne. Sie sieht blass und niedergeschlagen aus, mit einer Kummerfalte auf der Stirn. »Stell dir vor«, erzählt sie mir stockend, »Manuel ist ausgezogen zu seiner jungen Praktikantin. Er will sich scheiden lassen! Für mich ist eine Welt zusammengebrochen. Wir haben uns damals lebenslange Treue gelobt – Treue in guten wie in bösen Tagen! Es heißt doch: ›Was Gott zusammengefügt hat, das soll der Mensch nicht scheiden!‹ Als Christin kann ich nicht in eine Scheidung einwilligen! Warum lässt Gott so Schweres zu? Was will er mir damit zeigen?« In ihren Augen stehen Tränen, und ich merke, dass sie in letzter Zeit viel geweint hat.

»Vielleicht sieht Manuel seinen Fehler ein und kommt reumütig wieder zu dir zurück!«, murmele ich und weiß, dass es ein schwacher Trost ist. »Hast du in deinem Dorf Christen, zu denen du Vertrauen haben kannst?«, frage ich sie. »Zum Glück: Ja!«, antwortet sie mir. »Es ist ein befreundetes Ehepaar. Ich kann mich immer bei den beiden aussprechen, auch ausweinen.«

Wieder einige Jahre später besuche ich Corinna in ihrer geschmackvoll eingerichteten Wohnung. Ich frage sie, wie es ihr seitdem ergangen ist. Sie erzählt mir: »Nachdem damals mein Mann vier Wochen bei der jungen Praktikantin gewohnt hatte, bekam er schlimme Depressionen und rief mich an: ›Corinna, darf ich wieder zu euch zurückkommen? Es geht mir nicht gut!‹ Nach einer kurzen Bedenkzeit habe ich ihn wieder aufgenommen und ihm restlos vergeben, weil Gott auch mir vergibt. Wir suchten zusammen einen Arzt und eine Eheberatung auf und waren wieder voller Hoffnung.

Doch sobald er sich gesund fühlte, zog er zum zweiten Mal aus, um unsere Lage zu bedenken, weil ihn inzwischen eine Klientin sehr beeindruckte. Wieder ging es ihm nach kurzer Zeit psychisch so schlecht, dass er sich sogar in eine Klinik einweisen ließ. Dort wurde festgestellt, dass er eine psychische Krankheit hat, die gerade wieder akut ist. Ich besuchte ihn oft und erlebte mit, wie seine Genesung fortschritt. Wir hatten viele Gespräche miteinander und erkannten beide, wo wir versagt hatten. Als es ihm schon wieder recht gut ging, wollte er seine Einstellungsänderung festmachen. Er versprach mir eheliche Treue: ›Corinna, lass uns im Geist eine Wiederheirat begehen, und die Gruppe hier in der Klinik, wo ich mich aussprechen konnte, ist unser Trauzeuge.‹ Ich war voller Hoffnung und erlebte eine seltsame ›zweite Trauung‹ mit Eheversprechen.

Er hielt es genau sechs Monate.

Dann zog er zum dritten Mal aus. Diesmal liebte er eine Kollegin, die 18 Jahre jünger war als er. Beide wollten so schnell wie möglich heiraten. So wurde zwischen uns endgültig die Trennung vollzogen. Die Scheidung folgte: Manuel heiratete sogleich diese Frau und wurde bald Vater eines kleinen Sohnes. Das war vor etwa fünf Jahren.«

»Hast du einige Ursachen gefunden, die zum Zerbruch eurer Ehe beigetragen haben?«, frage ich. »Ja, ich habe viel darüber nachgedacht«, antwortet sie, »zum Beispiel haben wir zu wenig Zeit und Phantasie in die Gestaltung unserer Ehe investiert. Und Beziehungen kosten Zeit! Aber meinem Mann waren die Kontakte nach außen meistens wichtiger als unsere eigene Beziehung.

Dann hatten wir damals nicht als stabile, reife Persönlichkeiten geheiratet, sondern jeder von uns beiden hatte starke Minderwertigkeitsgefühle und Ängste vor Ablehnung und Kritik. Sie blockieren ein beglückendes Miteinander. Wir haben es nicht geschafft, dem Partner einen angstfreien Lebensraum zu gewähren.

Vor allem hatte ich eine sehr hohe Erwartungshaltung an meinen Mann und an unsere Ehe. Die ständigen Enttäuschungen waren dann um so größer; denn hohe Erwartung und tiefe Enttäuschung sind Zwillinge. Er spürte natürlich meine stillen Anklagen und lebte mit dem Eindruck, nicht zu genügen. So musste er seine Schuldgefühle ständig überspielen, weil er sie nicht zugeben wollte. Das schaffte eine unaufrichtige Atmosphäre – sogar eine Dauerlüge: Nach außen hin eine christliche Ehe, aber nach innen alles faul!

Wenn es zu Auseinandersetzungen kam, gab einer dem anderen die Schuld. Wir wollten uns gegenseitig umerziehen: ›Wenn du dich ändern würdest, ginge es uns gut!‹

Eine weitere Ursache lag sicher auch in der psychischen Labilität meines Mannes. Oft machte sie sein Verhalten unberechenbar und für mich nicht nachvollziehbar. Sie hat mit der Zeit immer mehr sein wahres Wesen überdeckt und unsere Ehe sehr belastet.«

Corinna seufzt in Erinnerung an diese Erlebnisse. Sie tut mir sehr Leid.

»Und wie verlief dann die Scheidung?«, frage ich. »Wir haben nicht in Hass aufeinander eingeschlagen«, antwortet sie mir, »wie es manchmal vorkommt. Auch das Sorgerecht und unsere Finanzen konnten wir sachlich regeln und schon vorher im Interesse der Kinder einen Kompromiss besprechen. Diese Übereinkünfte waren dann die Basis für die spätere Scheidung. Doch ich war todtraurig, als wäre jemand gestorben. In mir hat es immerzu geweint. Ein solcher Verlust ist unvorstellbar. Niemand kann ihn nachfühlen, der es nicht selbst erlebt hat.« Sie macht eine Pause und fügt dann hinzu: »Unsere Ehe war längst gestorben, bevor wir geschieden wurden.«

»Corinna, du Arme«, sage ich bewegt, »was hast du alles durchgemacht! Und doch habe ich den Eindruck, dass du eine reife, innerlich stabile Persönlichkeit bist. Du strahlst Klarheit, Gelassenheit und ein wohltuendes Selbstwertbewusstsein aus. Auch bist du kreativ und hast viele neue Ideen für Beruf und Lebensgestaltung. Du weißt, was du willst und was getan werden muss. Ich hätte eher erwartet, dass du nach diesen schweren Verletzungen restlos am Boden zerstört wärst!«

»So war es während des wiederholten Gehens und Wieder-Heimkommens. Ich war oft am Ende meiner seelischen Kraft. Doch vom Zeitpunkt der endgültigen Trennung an, als ich endlich wusste, woran ich war, versuchte ich, Schritt für Schritt diese tief greifende Krise zu verarbeiten. Ich durchlief mehrere Entwicklungsstufen. Dabei vollzog ich einige klare, geistliche Schritte und machte neue Lebenserfahrungen«, erklärt sie mir. »Welche?«, frage ich zurück. Sie antwortet: »Ein erster, einschneidender Schritt war es, nicht mehr auf meine Rechte zu pochen und sie nicht mehr einzufordern:

- mein Recht, von meinem Ehepartner unbedingt geliebt und von ihm stets ernst und wichtig genommen zu werden.
- mein Recht, mich selbst zu rechtfertigen und zu verteidigen.
- mein Recht, die falschen Anschuldigungen meines Mannes und meiner Schwiegermutter zu korrigieren; denn es war ohnehin zwecklos und kostete meine letzte Kraft.

Ich legte alles in Jesu Hand und vertraute darauf, dass er nun für mein Recht sorgt. Er soll jetzt mein Anwalt sein. Laut sagte ich im Beisein meiner Seelsorgerin: ›Diese meine Rechte will ich loslassen! Jesus, ich gebe sie in deine Hand! Du trittst für mich ein! Du schützt mich. Ich verlasse mich auf dich!‹ Das ist mir sehr schwer gefallen; denn ich war immer wieder versucht zurückzuschlagen, mich zu wehren und auch Schuldzuweisungen zu verteilen.

In einem weiteren Schritt lernte ich, mit der Schuld umzugehen. Zunächst meine eigene Schuld: Was habe ich falsch gemacht? Wo bin ich Manuel nicht gerecht geworden? Habe ich wirklich die Hauptschuld am Scheitern unserer Ehe, wie er es immer sagte?

Ich habe mir vom Heiligen Geist zeigen lassen, wo ich schuldig geworden bin. Dann habe ich alles Gott bekannt und mir meine Schuld von ihm vergeben lassen. Welche Entlastung! Wenn ich daran denke, bin ich voller Dankbarkeit. Falls mir hie und da wieder mein Versagen einfällt, spreche ich laut: ›Es ist alles vergeben! Die Quittung hängt an Jesu Kreuz!‹

Doch auch mit Manuels Schuld an mir, die so viele tiefe Wunden verursacht hatte, musste ich fertig werden. Wieder sagte ich laut vor Gott und der Seelsorgerin: ›Im Namen Jesu vergebe ich Manuel alle Schuld, auch die Verletzungen, womit er mich zutiefst gedemütigt hat!‹ Ich führte sogar schmerzliche Einzelheiten auf, die sich in meiner Seele eingebrannt hatten. Dann bat ich meinen Heiland: ›Heile du mich, Herr, dann werde ich heil! Hilf du mir, dann ist mir geholfen!‹

Diese ›innere Heilung‹ ist ein langer Prozess. Er zieht sich schon seit unserer Trennung hin und erreicht immer tiefere Schichten meines Wesens. Tief sitzendes Leid heilt nur durch göttlichen Trost! Das hast du ja selbst erlebt!

Vor ein paar Wochen wurde mir unter Tränen schmerzhaft bewusst, dass ich die Liebe, die ich in meiner Ehe erhofft hatte, in Wirklichkeit nie bekommen hatte. Da hörte ich in Gedanken Jesus zu mir sagen: ›Hör auf, Manuels Liebe nachzutrauern! Sieh, ich schenke dir meine Liebe! Nur sie kann dir geben, was du brauchst! Nur sie kann dich zutiefst befriedigen!‹

Tatsächlich erfahre ich jetzt Jesu Liebe zu mir immer tiefer in meinem Herzen. Sie trägt mich durch kummervolle Tage und Nächte und gibt mir stets wieder neu inneren Frieden. Er ist jetzt mein ›Immanuel‹ – das heißt: ›Gott mit uns!‹

Ein besonderer Schritt war es auch für mich, meinen früheren Mann endlich restlos loszulassen. Ich musste nämlich viel an ihn und an bestimmte Situationen denken. Immer wieder kreisten meine Gedanken um ihn und um seine Partnerin. Auch hier sagte ich laut im Beisein einer Zeugin: ›Hiermit trenne ich mich von der Bindung an diesen Mann. Vor deinem Angesicht, mein Gott und Vater, löse ich mich jetzt von dem Eheversprechen, das ich bei der Trauung gegeben habe. Und nun gebe ich auch Manuel frei in Bezug auf sein Eheversprechen!‹

Meine Seelsorgerin sprach mir diese Lösung im Namen Jesu zu. Wenn hie und da Zweifel kommen, kann ich mich stets darauf berufen.

In dieser ganzen Zeit habe ich mich von Jesus geliebt und getröstet gefühlt, sonst hätte ich nicht durchgehalten; denn es gab immer wieder Tiefen und Anfechtungen, die mir schwer zu schaffen machten. Vor allem hat unsere lädierte Familie erfahren, dass der himmlische Vater unser Versorger ist. Zu aller Verwunderung wurde ich nach nur vier Wochen Wartezeit sofort wieder in den Schuldienst übernommen und sogar wieder beamtet. Ist das nicht wunderbar? Auch auf manche andere Weise erfuhren unsere Kinder und ich finanzielle Hilfe und freundschaftliche Unterstützung.«

Weil Corinna nun eine Erzählpause macht, frage ich sie: »Wie haben eure Kinder die Scheidung ihrer Eltern verkraftet?« Sie antwortet: »Es war ein Schock für sie, dass ihr Vater sie auf diese Art und Weise verlassen hat. Sie waren damals noch Teenager und trugen sehr schwer daran. Jedes versuchte auf seine Weise, diesen Verlust zu verkraften. Sie merkten, wie sehr auch ich darunter litt, und haben wohl deshalb ihre Ablösungsphase von mir erträglich gemacht. Wenn die beiden Jüngeren mich anmotzten, hat die Älteste geschickt zwischen ihnen und mir vermittelt. Inzwischen sind alle drei nun junge Erwachsene, haben erfolgreich die Schule abgeschlossen, mit Studium und Ausbildung begonnen und sich einen netten Freundeskreis aufgebaut. Nun begegnen sie mir partnerschaftlich und beraten mich. Ich höre jetzt kaum noch Anklagen gegen ihren Vater und weiß, dass auch sie ihm vergeben haben. Allerdings haben sie bisher mit ihm nur hie und da telefonischen Kontakt. Das wird sich hoffentlich in Zukunft ändern, denn auch ein geschiedener Vater ist immer noch Vater. Elternschaft ändert sich nicht durch Scheidung!

Zu meiner großen Freude sagte vor kurzem unsere Älteste: ›Zum Glück haben wir einen himmlischen Vater! Auf ihn ist Verlass! Er verlässt uns nicht. Er bleibt treu an unserer Seite!‹ Die beiden Jüngeren stimmten ihr zu. Ihr Freund, der manche unserer dramatischen Familiensituationen mitbekommen hatte, sagte zu ihr: ›Wie deine Mutter mit dieser Scheidungssituation umgeht, das ist für mich ein Beweis dafür, dass es einen Gott geben muss, der für Verlassene sorgt.‹

Du hast mich richtig eingeschätzt, Hannelore:

Ich fühle mich inzwischen freier und unabhängiger. Früher hatte ich mich ganz auf meinen Mann eingestellt. Doch jetzt habe ich gelernt, fest auf meinen eigenen Füßen zu stehen und die volle Verantwortung für mich zu übernehmen. Ich bin offen für alles, was Jesus noch aus meinem Leben machen wird. Ob ich allein bleiben werde oder ob er mir nochmals einen neuen Partner zuführen wird? Ich bin gespannt! Natürlich sehne ich mich manchmal nach körperlicher Nähe, nach jemandem, der mich zutiefst versteht und liebt.

Wenn meine Gefühle davongaloppieren wollen – wie wild gewordene Pferde – kann mein Wille ihnen die Zügel anziehen und sie lenken. Ich stehe nicht ständig in den Startlöchern, um loszuspurten und einen Mann einzufangen, wie manche irrtümlich über Geschiedene denken. Auch lebe ich nicht in Tagträumen und Fernsehfilmen ein Phantasieleben. Nein, ich stehe mit beiden Beinen fest auf der Erde. Mehr und mehr schätze ich die Vorteile eines Single-Lebens. Zum Glück habe ich gute Freunde, die mich herzlich umarmen und viel Verständnis für mich haben. Zudem pflege ich viele Kontakte in meinem großen Bekanntenkreis, die mein Leben farbig machen.

Wenn mir manchmal das Alleinsein schwer fällt, stelle ich mir vor, dass mein himmlischer Vater mich tröstend in seinen Arm nimmt. Er lässt mich sogar, ›wenn Not und Trübsal blitzen, in seinem Schoße sitzen‹, wie Paul Gerhardt es ausdrückt. Das entschädigt mich und macht mich froh und stark.

Jedenfalls kann ich jetzt meine Situation als geschiedene Frau akzeptieren.

Zwar wünschte ich mir dieser Tage wieder einmal eine Rechtfertigung vor mir selbst und vor unseren Bekannten und Verwandten. Da ist mir noch einmal klar geworden: Vor Gott bin ich gerechtfertigt! Er hat mir vergeben. Also kann ich auch meinem früheren Mann von Herzen alles Gute wünschen. Ich übe mich darin, ihn und seine neue Familie zu segnen, und habe dadurch Frieden im Herzen. Ich gebe zu: Das ist mir zuerst sehr schwer gefallen. Aber dann habe ich über Gottes Segen nachgedacht. Er hat uns so reich gesegnet, dass wir davon abgeben können. Je mehr wir segnen, desto mehr werden wir von ihm gesegnet! Andere zu segnen, ist also auch für uns selbst ein Gewinn.

Ja, liebe Hanne, so habe ich bewusst einen neuen Lebensabschnitt begonnen: solo und fest an Gottes Hand!«

»Hast du Anschluss an eine lebendige Gemeinde gefunden?«, frage ich. Sie antwortet: »Das war zuerst schwierig: Einige fromme Leute dachten wohl verächtlich über mich Geschiedene. Aber jetzt fragen mich manchmal Frauen um Rat, wie sie tiefe Verletzungen durch ihren Ehemann verkraften können, und ich kann ihnen aus meinen Erfahrungen einiges mitteilen. Das will ich auch in Zukunft vermehrt tun.«

Intensiv habe ich diesem Bericht zugehört und kann nur noch staunen: »Corinna, es gibt Menschen, die können nicht einmal denen, die ihnen nichts Schlimmes angetan haben, neidlos alles Gute wünschen. Du aber kannst denen vergeben, die dich zutiefst verletzt haben, und sie auch noch segnen! Dieser Segen kommt wieder auf dich zurück und fließt in deine verkleinerte Familie und in deine Gemeinde hinein. Was Gott in deinem Leben gewirkt hat, das ist wirklich zum Staunen!«

ANREGUNGEN FÜR EIN GRUPPENGESPRÄCH:

Den Text »Fußspuren im Sand« austeilen und sehr langsam vorlesen. Danach stille Meditation, eventuell mit anschließender Aussprache über eigene Erfahrungen der Teilnehmer.

Fußspuren im Sand

Ich träumte eines Nachts,
ich ging am Meer entlang
mit meinem Herrn.

Und es entstand vor meinem Blick,
Streiflichtern gleich, mein Leben.

Für jeden Abschnitt, wie mir schien,
entdeckte ich
je zwei Paar Fußspuren im Sand:
Die einen war'n von mir,
die andern von dem Herrn.

Als dann das letzte Bild
an uns vorbeigeglitten war,
sah ich zurück und stellte fest,
dass viele Male nur ein Paar Spuren
im Sand zu sehen war:
die Phasen meines Lebens,
die mir am schwersten waren.

Das machte mich verwirrt.
So wandte ich mich an den Herrn:
»Du sagtest einst zu mir,
du würdest immer bei mir sein!
Doch in den schwersten Zeiten meines Lebens
seh' ich nur ein Paar Spuren im Sand.
Warum verließest du mich dann,
als ich dich bitter nötig brauchte?«

Der Herr nahm meine Hand:
»Geliebtes Kind,
nie ließ ich dich allein,
schon gar nicht in den Zeiten
der Leiden und des Angefochtenseins.
Wo du nur ein Paar Spuren
im Sand erkennst,
da habe ich dich väterlich
auf starken Armen treu getragen!«

(aus »Gott tröstet«
von Hannelore Risch
nach Margaret
Fishback-Powers)

Er spricht:
Aus meiner Hand
strömt Segen auf das Land
auch deiner Tage.
Gib dem Vertrauen Raum,
schon blüht dein Lebensbaum.
Ja, Glauben wage!
Er spricht:
Nun bleib' bei mir,
ich halte fest an dir,
wie sich's auch wende;
mein Mantel birgt dich ein,
nie laß ich dich allein.
Gnad' ohne Ende.

Pfr. D. Rühle

Vorstandsmitglied
der DGBTS

(Weise: »Herr, habe acht auf mich.«)

Deutsche Gesellschaft für Biblisch-Therapeutische Seelsorge e. V. (DGBTS)
Hackstraße 60
70190 Stuttgart
Fon (07 11) 2 85 23-0, Fax -99

Als Nachwort ein Brief an MitarbeiterInnen in der Gemeindearbeit

Liebe Leiter und Leiterinnen von Gemeindegruppen,

oft haben ehren- oder hauptamtliche Verantwortliche wenig Zeit, um sich für ihre Gemeindegruppe gründlich vorzubereiten. Manchmal gehen ihnen auch die Ideen aus. Verständlich! Man kann nicht immer produzieren! Darum will das vorliegende Büchlein Ihnen Impulse geben, wie Sie ohne langwierige Vorarbeit eine Gruppenstunde gestalten können. Die hier beschriebenen Erlebnisse der verschiedenen Frauen eignen sich hervorragend zur Gestaltung von Frauenstunden, Seniorennachmittagen, Gesprächs- und Hauskreisen sowie zur Mitarbeiterschulung von Seelsorgern in der Gemeinde.

Ich empfehle Ihnen, ein für die Gruppe passendes Thema auszuwählen und zuerst den Text sich selber – laut lesend – vertraut zu machen. Gutes Vorlesen ist eine besondere Kunst, die sorgfältig eingeübt werden muss! Danach besprechen Sie am besten mit einem Mitverantwortlichen die von mir angefügten »Anregungen für ein Gruppengespräch«. Solche und ähnliche Impulse stammen aus der Praxis meiner jahrzehntelangen Gemeindearbeit und haben sich bewährt. Natürlich können sie je nach Situation verändert werden.

Manche meiner Gesprächsberichte eignen sich sogar für drei VorleserInnen: Zwei lesen die Dialoge, und eine Dritte liest die Passagen dazwischen. Dadurch wirkt das Vorgelesene nicht eintönig, sondern lebendig. So wird das Zuhören erleichtert. Diese Form vorzulesen, muss allerdings eingeübt werden.

Die Bilder eignen sich zur gemeinsamen Betrachtung und können das Gruppengespräch in Gang bringen.

Wenn die Teilnehmer aufrichtig von ihren eigenen Erfahrungen berichten oder offen ihre Fragen auf den Tisch legen, dann ist m. E. das Ziel der Gruppenstunde erreicht. Sie, als Verantwortliche, haben Vertrauen aufgebaut. Die Teilnehmer fühlen sich von Ihnen angenommen. In einer solchen Atmosphäre gelingt es, Lebens- und Glaubensfragen in großer Ehrlichkeit zu besprechen.

Zum guten Schluss können Sie als Leitende »den Sack zubinden«: Sie erwähnen noch einmal kurz die Hauptgedanken und schließen mit Gebet oder Segensspruch die Gesprächsrunde ab.

Beachten Sie bitte, dass die Kapitel dieses Büchleins verschieden lang sind! Sie können selbstverständlich gekürzt werden. Um die Teilnehmer nicht zu ermüden, sollten Vorlesen und Austausch etwa eine Stunde dauern. Danach ergeben sich ein lockerer Ausklang und eine warmherzige Verabschiedung von selbst.

Nun wünsche ich diesem zweiten Band »Was Frauen mit Gott erleben«, dass er Ihnen eine Hilfe wird und in Ihrer Gemeinde oder Gemeinschaft viel Gutes bewirkt. Zur Zeit überlege ich, ob ich noch einen dritten Band »Was Frauen mit Gott erleben« schreiben soll, denn ich habe inzwischen wieder von einigen Frauen Bewegendes und Hilfreiches berichtet bekommen. Sie erlauben mir auch, es zu veröffentlichen.

Von Herzen wünsche ich Ihnen für Ihre Gemeindearbeit Gottes Segen und die nötige Ausdauer.

Ihre

Hannelore Risch